ERKENNTNIS

David Steindl-Rast,
Johannes Pausch:
Erkenntnis

Alle Rechte vorbehalten
© 2023 edition a, Wien
www.edition-a.at

Cover: Bastian Welzer
Satz: Bastian Welzer

Gesetzt in der Premiera
Gedruckt in Deutschland

1   2   3   4   5   —   26   25   24   23

ISBN: 978-3-99001-653-4

DAVID STEINDL-RAST
JOHANNES PAUSCH

ER
KENNT
NIS

edition a

INHALT

ANKOMMEN
9

DER WEG DER DEMUT
29

DIE LEITER
41

NATUR UND SEELE
79

DEM WELTHAUSHALT FREUDIG DIENEN
109

MITGEFÜHL HEILT
139

Dieses Buch entstand auf Basis von Vorträgen, die Johannes Pausch und Bruder David Steindl-Rast im Europakloster Gut Aich gehalten haben.

Die in diesem Buch verwendeten Illustrationen sind Mandalas, die Pater Johannes Pausch nach den Wirkungen verschiedener Kräuter und Kräutermischungen entwickelt hat. Sie dienen bei Betrachtung der Heilung von Körper, Geist und Seele. Am Ende des Buches befindet sich ein Glossar mit den konkreten Angaben zu den einzelnen Mandalas.

*Demut vor den Blumen der Baumgrenze
öffnet den Weg zum Gipfel.*

Dag Hammarskjöld
(ehemaliger Generalsekretär der Vereinten Nationen)

Wir widmen dieses Buch all den Engeln und Menschen, die uns in den letzten dreißig Jahren geholfen haben, im Europakloster Gut Aich die Quelle zu finden, den Garten anzulegen und den Tempel zu bauen.

Br. David Steindl-Rast OSB
P. Johannes Pausch OSB

Zwei Dinge haben wir Menschen gemeinsam: Wir wollen glücklich sein und wir erleben Krisen, egal ob wir arm oder reich, alt oder jung sind. Die großen, globalen Krisen wie Kriege oder Pandemien und die kleineren, privaten Krisen wie Krankheit, Trauer oder Trennungen. Unser ganzes Leben ist eine Übung im Umgang mit Krisen. Um sie als unvermeidliche Unwägbarkeiten durchzustehen, brauchen wir Standfestigkeit. Nur wenn wir fest mit beiden Beinen auf der Erde stehen und in uns selbst ruhen, können wir in Bewegung bleiben.

Stabilität ist die Voraussetzung für Dynamik.
Niemals ist es umgekehrt.

Um diese Stabilität zu leben, ist folgende Lebenserkenntnis wichtig: Leben heißt Teilen und Heilen.

Beim Erlangen von Stabilität helfen uns die zwölf Stufen der Demut. Formuliert hat sie der heilige Benedikt von Nursia, der vor mehr als 1.500 Jahren lebte und dessen Orden wir beide angehören. Seinen Weg zur Erleuchtung, seine Himmelsleiter, werden wir ausführlich im zweiten Kapitel erklären. Außerdem werden wir zeigen, welche hilfreichen Pflanzen uns dabei Mutter Natur geschenkt hat. Bei jeder Sprosse der Leiter, bei jedem Entwicklungsschritt stehen uns wunderbare Bäume, Sträucher und Kräuter zur Verfügung, die uns stärken, nähren und trösten. Aber jetzt wollen wir erst einmal ankommen und die Grundlage schaffen, das geistige Fundament bauen für alles, was dann kommt.

Kapitel eins
ANKOMMEN

Der Korb der Fragen

Wir können unsere spirituelle Reise nicht alleine bewältigen. Wir brauchen einander. Deshalb lohnt es sich immer, einander zuzuhören. Das versuchen wir auch in diesem Buch.

Vor einigen Jahren leiteten wir gemeinsam eine Seminar-Reihe zum Thema Spiritualität und baten die Teilnehmenden, ihre Fragen auf kleine Zettel zu schreiben und sie vor dem Seminar in einen eigens dafür aufgestellten Korb zu legen. Die Fragen, die da landeten, berührten alles, was es heißt, ein Mensch zu sein und spirituell zu leben. Sie drehten sich letztendlich um das große Thema, wie wir ein glückliches Leben führen und die, leider unvermeidlichen, Krisen meistern können.

Sehen wir uns, um bei unserem Thema richtig anzukommen, diese Fragen an und beantworten wir sie. Schon die erste war klug und interessant, denn sie thematisierte das wichtigste Instrument im Umgang mit den Stürmen des Lebens:

Wie kann es uns gelingen, im Hier und Jetzt anzukommen?

Die Antwort darauf ist einfach, denn für das Leben im Moment gibt es eine effektive und altbewährte Methode: Dankbarkeit.

Jedes Mal, wenn wir dankbar sind, sind wir im Jetzt. Je mehr wir uns darin üben, immer wieder dankbar zu sein, umso mehr verschiebt sich unser Fokus auf das Jetzt.

Wir können nur im Jetzt dankbar sein.

Wir können für Dinge dankbar sein, die in der Vergangenheit liegen, und für solche, die wir in Zukunft erleben oder bekommen werden, aber wir können immer nur genau jetzt dankbar sein. Dankbarkeit ist der Weg zu unserem inneren Frieden. Der große persische Mystiker Rumi prägte einen wunderbaren, dazu passenden Satz: *Dankbarkeit ist der Schlüssel zur Freude.* Wie meinte er das? Ganz einfach: Wenn wir uns freuen, sind wir dankbar, und wenn wir dankbar sind, freuen wir uns. Das ist der Zusammenhang zwischen Dankbarkeit und Freude.

An der Freude, die wir jetzt gerade spüren, können wir ermessen, wie gut uns Dankbarkeit gelingt. Prüfen wir also immer wieder, wie freudig wir im jeweiligen Moment unseres Lebens sind. Wenn wir keine Freude empfinden, fehlt es uns vielleicht an Dankbarkeit.

Auch wenn wir eine Krise durchmachen und uns das Leben hart und trist erscheint: Wir können uns in jedem Augenblick fragen, wofür wir gerade dankbar sein können. Wir können uns auch fragen, wofür wir gerade undankbar sind.

Die Frage, wie wir gerade jetzt dankbar sein können, ist wirklich schwierig zu beantworten, angesichts der Herausforderungen dieser Zeit, in der Menschen jetzt leben. Die Pandemie und ihre Folgen, der Krieg in der Ukraine, wirtschaftliche Herausforderungen, vor allem durch die Energiekrise, die Zerstörung unserer Umwelt, persönliche Krisen und große Ratlosigkeit. Wir können und dürfen diese Herausforderungen nicht ignorieren und müssen uns ihnen stellen, auch wenn wir keine praktischen Antworten auf diese Fragen haben. Trotzdem schreiben wir dieses Buch in der Hoffnung, dass es praxistauglich ist.

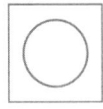

Angstloses Leben

Die Frage, die auf dem nächsten Zettel aus dem Korb stand, bezog sich auf einen vielzitierten Spruch Jesu Christi: Fürchtet euch nicht! Sie lautete:

Welche Haltung kann auch in schwierigen Zeiten helfen, ohne Angst und mit tiefem Vertrauen zu leben?

Um sie zu beantworten, sollten wir uns erst einmal klarmachen, dass unser wahres Selbst gar keine Angst haben kann. Nur unser vielleicht allzu großes Ego kann Angst empfinden. Deshalb sollten wir, um Angst zu überwinden, unser Ego aktiv schwächen. Ein weniger starkes Ego hat weniger Angst.

Wenn wir auf die Welt kommen, leben wir aus unserem Selbst. Wir sind noch ohne Angst. Das angstfreie Leben kann nur aus diesem ursprünglichen Selbst kommen.

Das dankbare Leben ist ein angstloses Leben. Ein vertrauendes Leben. Wir brauchen einen Glauben, der sich auf das Leben verlässt. Nur so können wir angstfrei leben. Denn das Gegenteil von Glauben ist nicht Unglauben oder Häresie. Das Gegenteil von Glauben ist Angst.

Angst vor etwas Bestimmtem kann durchaus berechtigt sein. Oft ist unsere Angst aber eher unbestimmt. Dann wissen wir gar nicht genau, wovor wir uns eigentlich ängstigen. Wir fühlen uns innerlich beengt. Da ist eine Schwere in der Brust. Dagegen hilft die Freiheit des Glaubens. Er befreit uns von der Angst.

Wenn wir uns dem Leben glaubend überlassen, fließt die Freude ganz spontan aus uns heraus. Als Kinder fiel uns das noch leicht. Damals kannten wir die andere, ängstliche Haltung noch gar nicht. Wir konnten uns noch auf das Leben verlassen. Das Kind in uns kann das nach wie vor. Dafür müssen wir nur unser Ego hinter uns lassen. Das ist der Weg der Angstlosigkeit.

Tiefes Vertrauen

Als hätten sich die Teilnehmenden der erwähnten Seminarreihe untereinander abgesprochen, passte dazu die nächste Frage im Fragenkorb:

> *Was heißt es eigentlich, auf das Leben zu vertrauen?*
> *Was ist denn überhaupt das Leben?*

Um diese Frage zu beantworten, müssen wir uns zunächst fragen: Haben wir das Leben oder hat das Leben uns? Das ist eine besonders wichtige Frage.

Oft denken wir, wir besitzen unser Leben. Wir sprechen zum Beispiel davon, ein Mensch könne »sich das Leben nehmen« oder »sein Leben verlieren«. Doch das ist eine falsche Vorstellung. Betrachten wir den größeren Zusammenhang, besitzt das Leben in Wahrheit uns.

Nicht wir leben das Leben, sondern das Leben lebt uns.

Dass wir überhaupt nur einen einzigen Tag auf dieser Erde sein können, hängt von vielen Dingen ab, die sich unserer Kontrolle vollständig entziehen. Wenn wir uns näher mit unserem Körper befassen, können wir gar nicht zu staunen darüber aufhören, wie wunderbar alles in ihm funktioniert. So vieles muss, damit wir überhaupt existieren, wie bei einer wundersamen Maschine zusammenspielen. In unserem Körper und darüber hinaus in unserer Umwelt, in der Natur, und zwischen unseren Mitmenschen. Das ist Teil des großen Ganzen, das uns lebt, das unser Leben ausmacht.

Nicht wir haben das Leben, sondern das Leben hat uns.

Nehmen wir diese Sichtweise an, können wir uns dem Leben anvertrauen. Diese Übung machen wir im Grunde täglich, ohne es zu merken. Denn wir trinken unseren Kaffee und essen unser Brot und vertrauen dabei unserem Körper, dass er unser Frühstück verdauen wird. Wir selbst hätten keine Ahnung, wie wir das machen könnten. Wir wissen nicht, wie die Vorgänge in unserem Körper im Detail funktionieren, und können sie nicht willkürlich beeinflussen, obwohl wir es mit allen möglichen Hilfsmitteln versuchen. Wir vertrauen also dem Leben in Wirklichkeit längst, auch wenn uns das bisher vielleicht nicht bewusst war.

Dieses Vertrauen können wir Stück für Stück ausweiten. Wenn wir im Kleinen vertrauen, können wir lernen, auch auf das große Ganze zu vertrauen, auf das Leben. Und was ist das Leben letztlich? Wir können sagen: Das Leben ist letztlich der

Heilige Geist. Nur dürfen wir andersherum den Heiligen Geist nicht auf das Leben beschränken. Der Heilige Geist, oder das, was wir damit meinen, die göttliche Wirklichkeit, geht unendlich und in jeder Hinsicht über unser kleines Leben hinaus.

Das Leben ist das Göttliche in uns. Wenn wir das glauben und darauf vertrauen, können wir uns dem Leben ohne Angst stellen.

Die Bremse nützen

Etwas, das heute vielen Menschen Angst einflößt, ist das zunehmende Tempo. Alles scheint zu schnell zu passieren und vieles scheint sich rasant zu verändern. Manchmal haben wir den Eindruck, alles geht, um es umgangssprachlich zu sagen, »den Bach hinunter«. Auch darauf bezog sich eine Frage im Korb:

Wie gehen wir mit diesem scheinbar rasenden Tempo um?

Eines ist sicher: Hohes Tempo ist problematisch. Sind wir zu schnell unterwegs, führt das zu Umbrüchen, Einbrüchen und Krisen. Es passieren Unfälle und Katastrophen. Was können wir tun, wenn wir uns getrieben fühlen und sich alles zu schnell zu drehen scheint?

Wenn wir diese Frage für uns beantworten wollen, sollten wir uns ansehen, was wir schon jetzt tun, um Tempo herauszunehmen. So etwa hat keiner von uns beiden einen Führerschein. Wir fahren aber beide mit anderen im Auto oder mit anderen Verkehrsmitteln. Und wir beide hoffen, dass wir nicht immer schneller fahren müssen. Das hilft schon einmal. Es wirkt gegen zu hohes Tempo. Vielen Menschen bleibt aber gar nichts anderes übrig, als mit dem Auto – und wie sie meinen immer schneller – zu fahren. Was können sie tun? Was können wir alle tun?

Eine der größten Hilfen gegen die ständige Beschleunigung in allen Bereichen des Lebens ist die Achtsamkeit.

Aus der Ordensregel des heiligen Benedikt können wir herauslesen: Sei achtsam im Umgang mit dir selbst, damit du auch achtsam im Umgang mit anderen Menschen sein kannst.

Der Atem spielt hier eine wichtige Rolle. Wenn wir außer Atem sind, ist das meist ein Zeichen dafür, dass wir zu schnell unterwegs sind. Sowohl körperlich als auch geistig. Deshalb ist der Atem ein mächtiges Werkzeug, um das Tempo zu drosseln:

Langsam einatmen.
Noch langsamer ausatmen.
Endlich zur Ruhe kommen.

Das Prinzip des bewussten Atmens ist die größte Hilfe bei der Entschleunigung.

Es ist kein Zufall, dass wir heute so viel über bewusstes Atmen hören und lesen. Viele Menschen erkennen, dass die ständige Beschleunigung allen Lebens und aller Abläufe nicht zielführend sein kann. Anders ausgedrückt: Tempo bringt uns nicht weiter. Es ist eher das Gegenteil der Fall.

Am besten entschleunigen wir, indem wir bewusst auf unseren Atem achten. Der Atem kommt und geht. Unser Atem ist unser Grundrhythmus. Manchmal ist er schneller und manchmal langsamer, das ist normal. Der Atem ist einer der besten Regulatoren für unser Leben und dessen Tempo.

Die buddhistischen Mönche üben sich seit Jahrhunderten und Jahrtausenden in der Kunst des achtsamen Atmens. Sie sitzen auf ihren Matten und atmen ganz bewusst. Das ist eine Form der Meditation, die sich auch in unser aller Leben einbauen lässt. Bei vielen Gelegenheiten, sogar beim Autofahren, können wir ruhig und achtsam ein- und ausatmen.

Besonders im Stress hilft es uns, einmal tief einzuatmen und langsam wieder auszuatmen. Dabei werden wir von selbst ganz still, und still zu sein, das ist das Entscheidende. Denn was sind die Folgen dieser ständigen Atemlosigkeit, dieses ständigen Gefühls, den Dingen hinterhereilen zu müssen? Unbewusstheit und Dumpfheit greifen dann um sich. Wir können weder dem Leben noch unseren Gedanken folgen, wenn wir kaum noch Luft kriegen.

Bewusstes Atmen hilft uns, das Tempo unseres Alltags und unseres ganzen Lebens ein wenig zu verringern. Es hilft uns, Krisen besser zu meistern. Ein paar Sekunden des bewussten Atmens genügen.

Übrigens ist es besser, zwanzig Mal am Tag einige bewusst geatmete Sekunden einzubauen, als einmal eine ganze Stunde lang irgendwo zu sitzen und bewusst zu atmen.

Denn während dieser Stunde sind wir oft abgelenkt. Eine Sekunde ist dagegen kurz. Da bleibt für Ablenkung keine Zeit. Dort gibt es keinen Raum für Ablenkung. Hier sind wir auch wieder bei der Frage nach dem angstbefreiten Leben. Denn dort gibt es auch keinen Platz für Angst. Während wir bewusst atmen, sind wir angstbefreit. Alles hängt mit allem zusammen.

Die folgende, an dieser Stelle passende Geschichte stammt von dem Jesuitenpriester und spirituellen Lehrer Anthony de Mello. Schüler, erzählte er, kamen eines Tages zu ihrem Lehrer und fragten ihn: »Warum meditierst du?«

Der Meister antwortete nicht. Die Schüler wunderten sich und fragten weiter: »Meditierst du, um innerlich ruhiger zu werden?«

Keine Antwort.

Die Schüler waren hartnäckig und fragten immer weiter.

Irgendwann antwortete der Meister: »Ich meditiere, um wach zu sein, wenn die Sonne aufgeht.«

Das bedeutet: Das Ziel der Meditation ist Wachheit. Sie ermöglicht die Erfahrung des Lebens. Wir drosseln das Tempo und wachen auf. Das ist ein ziemlich schönes Gefühl.

Und wenn gar nichts mehr hilft, dann empfehlen geistliche Lehrer, wenn möglich sogar in einer Gemeinschaft tief zu seufzen. Nicht zu jammern, sondern tief einzuatmen und erleichter auszuatmen. Meistens beginnen dann alle gemeinsam zu lachen.

Disziplin ohne Zucht

Eine der Fragen im Fragenkorb beschäftigte sich mit Disziplin:

Traute es der heilige Benedikt den Menschen wirklich zu, freiwillig diszipliniert zu leben?

Das Wort »Disziplin« ist aus der Mode gekommen, doch das bewusste und spirituelle Leben erfordert nun einmal Disziplin. Das klingt, so wie es dasteht, nach Zucht, Ordnung und autoritärer Erziehung. Alles Dinge, die wir zum Glück hinter uns gelassen haben. Was bedeutet Disziplin dann eigentlich wirklich und was macht sie zu einem hilfreichen Werkzeug in Krisenzeiten?

Fangen wir bei der Rolle an, die Disziplin im Kloster des heiligen Benedikt spielte. Ein frommer und kluger Abt sagte einmal, wer Benedikts Regel richtig lesen wolle, müsse das unter dem Aspekt tun, was sein Kloster in Wirklichkeit gewesen sei: ein ziemlicher Chaotenhaufen, oder ein Sanatorium.

Die Ordensregeln sollten deshalb das Zusammenleben ganz normaler Menschen ganz pragmatisch organisieren. Sie dienten und dienen dazu, ein geordnetes Miteinander zu ermöglichen, um heil und gesund zu werden.

Benedikt kannte die Schwächen und Stärken der Menschen gut. Er sah sie ganzheitlich. Womit er aus heutiger Sicht modern war. Er sah sie weder nur als problembeladene Wesen voller Schwächen, noch idealisierte er sie. Er sah sie wie sie sind, mit den guten und schlechten Seiten, die wir alle haben. Die Strukturen, die er für das Leben im Kloster entwarf, die Tages- und die Lebensordnung, seine Forderung nach Disziplin, damit wollte er ein friedliches Zusammenleben ermöglichen.

So ein Zusammenleben aufrechtzuerhalten, ist in jeder Gemeinschaft ein beständiger Kampf, so wie in jedem einzelnen Menschenleben auch. Denn in jeder Art von Gemeinschaft taucht immer wieder das gleiche Problem auf: Es mangelt den einzelnen Mitgliedern an gemeinsamem Bewusstsein dafür, welche Regeln sie im Sinne eines harmonischen Zusammenlebens- und wirkens befolgen sollen. Deshalb bedarf es einer beständigen Reflexion und Interpretation der gemeinsam getroffenen Abmachungen, einer ständigen Auseinandersetzung damit.

Eine Regel lässt sich nicht absolut setzen.
Jede Regel ist immer nur ein Anfang.

Das ist ein wichtiger Grundsatz, wenn es um Disziplin geht, und es ist interessant, dass auch der heilige Benedikt seine eigenen Regeln immer wieder relativierte. Auch das war modern für seine Zeit. Das letzte Kapitel seiner Ordensregel ist dementsprechend überschrieben mit einem Titel, der betont, »dass in dieser Regel nicht alles enthalten ist, was zur ewigen Seligkeit und zur Gerechtigkeit notwendig ist«.

Der heilige Benedikt wusste also ganz genau, wie relativ und unvollständig seine Regeln waren. Trotzdem setzte er für die Mitglieder der klösterlichen Gemeinschaft Disziplin voraus. Was genau verstand er nun darunter?

In dem Wort »Disziplin« ist bereits alles enthalten. Manche sagen, die Wortwurzel stamme vom lateinischen discernere, das so viel wie »unterscheiden« bedeutet. Disziplin ist demnach eine Form der Unterscheidung.

Disziplin heißt: Ich kann unterscheiden und kann selbst entscheiden. Das hat etwas mit freiem Willen zu tun.

Eine Disziplin, die nur Zucht – wir könnten auch sagen Kadavergehorsam – ist, ist fern von unserem freien Willen. Bei dieser Art von Disziplin können wir uns nicht entscheiden, sondern sind gezwungen, etwas Bestimmtes zu tun, womit viele Menschen schlechte Erfahrungen gemacht haben. Disziplin, wie der heilige Benedikt sie meinte, ist deshalb nicht die Haltung eines Soldaten, der gleichsam militärisch gehorsam nur blind Befehle befolgt. Es ist vielmehr die Haltung des discipulus, des Schülers, der Auge in Auge mit seinem Lehrer steht. Disziplin bedeutet dabei Hinschauen und vor allem hinhören. Es beginnt mit dem Anschauen Gottes, aber wir sind ihm dabei nicht unterlegen, unsere Haltung ist nicht unterwürfig. Wir sind mit ihm auf Augenhöhe. Wir stehen Auge in Auge mit Gott, und zwar in jedem Augenblick unseres Lebens. Wir könnten auch sagen, dass wir achtsam Hörende sind am Herzen Gottes und dass Gott auch auf uns hört. Daraus fließt und entsteht alles. Das bedeutet aber auch: Wir stehen immer Auge in Auge mit unseren Mitmenschen.

Hast du deine Schwester gesehen?
Hast du deinen Bruder gesehen?
Dann hast du deinen Gott gesehen.

Aber wenn Disziplin die Fähigkeit zu unterscheiden ist, was gilt es dann eigentlich zu unterscheiden?

Befassen wir uns, bevor wir diese Frage beantworten, damit, ob es überhaupt einen freien Willen gibt. Wir haben in unserem Kloster in den vergangenen Jahren oft darüber gesprochen. Einer der Teilnehmer des Seminars zum Beispiel schrieb auf einen Zettel: »Wenn der Mensch keinen freien Willen hätte, dann könnten wir sagen, er handelt immer nach den vorgegebenen Regeln, die ihm irgendjemand irgendwann einmal beigebracht hat. Aber der freie Wille macht den Menschen fähig zu differenzieren und zu unterscheiden.«

Unserer Intuition und unserer Erfahrung zufolge wissen wir, dass wir frei sind. Wir spüren es in der ersten Person.

Ich handle.
Ich entscheide.

Doch von außen her betrachtet lässt nichts erkennen, ob ein Mensch frei handelt oder nicht. Nichts zeigt: da war er oder sie frei.

Dieser Umstand spielt jenen in die Hände, die das Ganze nur von außen betrachten und die Existenz des freien Willens in Abrede stellen. Heute sagen zum Beispiel Biochemiker, die Willensentscheidungen des Menschen seien nichts als biochemische Prozesse. Ein Ja oder ein Nein werde hervorgerufen von einem biochemischen Prozess im Gehirn. Womit wir Menschen ganz und gar determiniert wären, also im Voraus bestimmt, begrenzt, festgelegt und manipulierbar.

Bloß leben wir ja nicht von außen. Wir leben von innen. Wir leben aus der ersten Person Einzahl. Wir wissen, dass wir frei sind. Entscheidend ist unser inneres Selbst, nicht unser Ego. Eigentliche Freiheit besteht darin, aus dem Selbst zu leben. Dann fließt es hervor, dann braucht es gar keine Entscheidung. Das wissen wir. Disziplin bedeutet also, zwischen dem Ego und dem Selbst zu unterscheiden und dementsprechend zu handeln.

In Augenblicken, in denen wir aus unserem Selbst leben, fließt alles auch wie von selbst. Das Ego hingegen ist nicht frei. Wenn wir uns mit unserem Ego identifizieren, sind auch wir es nicht. Dann haben wir keinen freien Willen. Wir können nicht unterscheiden und entscheiden. Dann treibt uns unser Ego vor sich her mit all seinen Wünschen und Bedürfnissen. Wir fühlen uns gestoßen und getrieben.

Das Ego ist niemals frei, nur das wahre Selbst ist frei. Wir müssen uns nicht mit unserem Ego identifizieren. Wir sind nicht unsere Wünsche. Es ist auch möglich, eine Rolle gut zu spielen, ohne sich mit ihr völlig zu identifizieren.

Da wir ja nun auch schon bei der Naturwissenschaft angekommen sind, können wir noch einen Schritt weiter gehen: Leider nehmen heute erst wenige oder gar die wenigsten Wissenschaftler die Quantenphysik und Quantentheorie ernst. Denn in den neuen Erkenntnissen dieser wissenschaftlichen Disziplinen gibt es den oben erwähnten Determinismus der Biochemiker nicht.

Im Reich der Quanten ist alles unbestimmt. Dort ist alles Freiheit, und dort ist auch unsere Willensfreiheit verwurzelt.

Von außen ist diese Freiheit aber auch dort nicht erkennbar. Zu sehen ist nur, dass sie eben nicht zu sehen ist. Sie kann Energie sein oder Materie. Sie kann ein Teilchen sein, aber es lässt sich nie sagen, wo dieses Teilchen ist, und selbst wenn das möglich wäre, bliebe immer noch unklar, wie schnell es sich bewegt. Sicher wissen wir auch aus der Quantenphysik nur: Alles fließt. Alles ist eins.

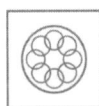

Sich dem Leben hingeben

Wenn alles eins ist, wenn alles zusammenhängt, wie können wir dann dem Leben begegnen?

Was bedeutet es, uns darzubringen?

Letztlich geht es bei dieser Frage um unsere Beziehung zu Gott. Darin, wie wir diese Beziehung gestalten, liegen einige wunderbare Kraftquellen für alle Krisen, die das Leben so für uns bereithält.

Im Kern geht es darum, uns Gott darzubringen. Das ist auch der Kern der Heiligen Messe. Der Priester vollzieht im Namen Christi das eucharistische Opfer und bringt es im Namen aller Gott dar. Vereinfacht heißt das: Wir schenken Gott unser Leben, oder: wir schenken dem Leben unser Leben.

Das hat allerdings einen Haken, denn unser Leben ist ja das göttliche Leben. Das wissen wir bereits. Unser Atem ist auch der göttliche Atem, wie es in der Bibel heißt. Eigentlich sind wir also bereits völlig eingebettet ins Leben Gottes. Wie können wir uns ihm da noch darbringen?

Die tiefsten Mystiker aller spirituellen Traditionen haben sich mit dieser Frage beschäftigt. In der christlichen Tradition ist die Antwort darauf das Geheimnis der Trinität, der Dreifaltigkeit.

Im Christentum ist Gott der Vater, die Mutter und der Urgrund. Alles ist Gabe. Alles kehrt zu ihm, zur Quelle, zurück. Da kommt die Trinität ins Spiel, die Sache mit dem Vater, seinem Sohn Jesus und dem Heiligen Geist.

Die weisen griechischen Kirchenväter sprachen in diesem Zusammenhang vom »Reigentanz der Trinität«. Sie erkannten die Bewegung in all dem. Sie bezeichneten Jesus Christus als *Coryphaeus*, was so viel wie »Oberster« bedeutet. Der *Coryphaeus* ist im klassischen griechischen Drama der Führer des Chors und Anführer des Tanzes. Jesus führt demnach den Tanz des Lebens an. Wie macht er das?

Nun wird es ganz kurz etwas kompliziert, bleibt aber hoffentlich stärkend und bereichernd: Jesus kommt aus dem Vater hervor. Aus dem Schweigen des Vaters kommt mit ihm das Wort hervor und kehrt mit uns allen, mit der ganzen Schöpfung, zurück zum Vater im Heiligen Geist. Das ist die heilige Bewegung.

Wenn wir das erkennen, ist die Eucharistie, die Darbringung, Ausdruck eines Eingebettet-Seins in die Trinität. Wir glauben, und unser Glaube ist ein Tanz der Dankbarkeit. Dieser Tanz hilft uns, mit den Schwierigkeiten des Lebens umzugehen.

»Eucharistie« bedeutet wortwörtlich übersetzt »Danksagung«. Wir sind eingebettet, wir sind in Bewegung und wir sind dankbar dafür. Das alles gibt uns Standfestigkeit, die wir brauchen, um in Krisenzeiten für uns selbst und für andere da zu sein. Nur so können wir den höchsten Sinn unseres Lebens erfüllen, der darin besteht, dem Welthaushalt freudig zu dienen. Was dieser Welthaushalt ist, was ihm zu dienen bedeutet, was dienen überhaupt bedeutet und welche Rolle dabei die Freude spielt, darauf kommen wir noch zu sprechen.

Kapitel zwei
DER WEG DER DEMUT

Unsere beste Begleiterin in Krisenzeiten ist die Demut. Sie stärkt uns, rückt die Dinge ins richtige Licht und zeigt uns, was wirklich wichtig ist. Aber was ist das überhaupt, Demut? Demut ist eine Haltung und ein ganzheitliches Prinzip, sich dem Leben respektvoll und vertrauensvoll zu stellen. Sie ist ein Wegweiser, der auch in Krisenzeiten Orientierung und Sicherheit schenkt. Gerade, wenn wir in einem Nebel aus Sorgen und Ängsten gefangen sind, kann uns Demut wie ein helles Licht den richtigen Weg weisen.

Vor 1.500 Jahren prägte der heilige Benedikt das Bild und den Weg der Demut als Leiter, die wir als Menschen erklimmen und dabei zur Erkenntnis gelangen können. Er griff dabei auf Bestehendes zurück, denn als Urbild der Menschheit existiert dieses Bild noch viel länger, in vielen Kulturen, und das aus gutem Grund.

Manchmal erscheint uns das Leben chaotisch, bedrohlich oder schier überwältigend. So vieles liegt außerhalb unserer Kontrolle. Doch etwas können wir immer kontrollieren, und das ist unsere innere Haltung. Sie sollte immer von Demut geprägt sein.

Demut ist unser Weg zum Gipfel und er besteht aus drei Abschnitten. Zunächst geht es um Bewegung, von der dieses Kapitel handelt. Danach geht es um die Leiter, die wir uns im folgenden Kapitel ganz genau und Sprosse für Sprosse ansehen werden. Ersteigen wir sie, verstehen wir, was Demut ausmacht. Schließlich geht es um den Gipfel. Wenn wir ihn erreicht haben, haben wir die Menschwerdung gemeistert.

Mut und Respekt

Betrachten wir das Wort »Demut« genauer, merken wir: Darin ist das Wort »Mut« enthalten. Wie können wir das interpretieren? Das höchste Ziel unseres Lebens besteht darin, dem Welthaushalt freudig zu dienen, und Demut ist nichts anderes als der Mut zu dienen.

Wenn wir über Demut sprechen, meinen wir also nicht nur die persönliche Tugend der Demut. Wir meinen nicht nur eine innere demütige Haltung, sondern auch einen ihrer Aspekte, der weit darüber hinausgeht: den Dienst an der Welt. Jesus sagte: Ich bin Weg, Wahrheit und Leben. Auch die Demut ist Weg, Wahrheit und Leben.

Demut hat nichts zu tun mit falscher Buckelei. Schon gar nicht hat sie etwas mit Demütigung zu tun. Demut und Demütigung sind vielmehr Gegensätze. Niemand kann einen demütigen Mensch demütigen, denn Demut macht uns frei. Demut macht uns auch frei vom Urteil anderer.

Damit sind wir bei einem besonders wichtigen Aspekt der Demut, einem entscheidenden, beim Respekt.

Wir sind alle gleich. Wir sind alle Kinder Gottes. Das zu verstehen und zu leben ist das erste Kennzeichen demütiger Menschen. Sie haben Respekt vor anderen und vor sich selbst.

Alle demütigen Menschen sind automatisch solidarisch mit ihren Mitmenschen. Andere anzuerkennen, sie zu respektieren und genauso anzunehmen, wie sie sind, das ist der Anfang. Dann wird unser Leben authentisch.

Demut ist ein Weg, den wir gemeinsam gehen. Wir erkennen dabei, dass wir nicht alleine sind. Wir können gar nicht alleine demütig sein. Wir können es nur gemeinsam mit anderen Menschen sein. Unser Mut zum Dienst an der Welt würde auch wenig bringen, wenn wir allein wären.

Erst wenn wir uns mit anderen solidarisch fühlen und das tief in uns spüren, können wir authentisch und tatsächlich demütig sein.

Dieser gemeinsame Weg ist keine Reise, sondern eine Pilgerfahrt. Zwischen beidem gibt es einen Unterschied, den wenige Menschen kennen: Eine Reise hat nur ein Ziel. Eine Pilgerfahrt dagegen hat sehr viele Ziele. Sie befinden sich immer genau dort, wo wir gerade sind. Jeder Schritt ist ein Ziel. Jeder Schritt kann uns diese tiefe innere Erfahrung schenken, ans Ziel gekommen zu sein.

In unser Kloster kommen viele Pilger und es ist für uns immer eine Freude, diese suchenden und spirituellen Menschen kennenzulernen. Viele sind religiös, andere nicht. Das Prinzip der Pilgerreise ist für alle Menschen bereichernd.

Auch wir waren immer wieder auf Pilgerfahrt. Wir haben viele Schritte gemacht und viele Erkenntnisse gewonnen, die uns demütiger gemacht haben. Aber angekommen sind auch wir nicht. Weil es darum gar nicht geht.

Wo geht's hier nach Jerusalem?

Der Sinn einer Pilgerfahrt ist niemals das Ankommen. Anders ausgedrückt: Das Ziel ist nicht das Ziel. Es geht um die einzelnen Schritte, um die Umwege und um die Erkenntnisse, die am Wegesrand auf uns warten. Eine von Lew Tolstois Volkserzählungen heißt »Zwei alte Männer« und zeigt das auf einprägsame Weise.

Die meisten russischen Bauern des 19. Jahrhunderts träumten davon, nach der Hofübergabe an die nächste Generation endlich Zeit für eine Pilgerreise ins gelobte Land zu haben. So auch die beiden in dieser Geschichte. Sie sind noch rüstig genug und machen sich auf den Weg nach Jerusalem.

Unvorstellbar lange Strecken müssen sie zu Fuß zurücklegen. Als sie bereits wochenlang unterwegs sind, macht sich einer der beiden auf die Suche nach einem Brunnen, um seine Wasserflasche zu füllen. »In meiner Flasche ist noch genug Wasser«, sagt der andere. »Ich warte hier auf dich.«

Er lässt sich am Wegesrand nieder und schläft ein. Als er aufwacht, ist sein Freund immer noch nicht zurückgekehrt. Er vermutet, er sei wohl an ihm vorbeigegangen. Vielleicht hat er mich hier im Schatten nicht liegen sehen, überlegt er.

Doch auch im nächsten Dorf trifft er ihn nicht. Er wandert weiter und weiter in Richtung des Hafens von Odessa. Dort muss er auf das Schiff warten, dort wird er ihn treffen, beruhigt er sich selbst.

Am Hafen wartet er vergeblich. Sein Freund kommt nicht. Schließlich nimmt er das Schiff. Als er in Jerusalem eintrifft, findet in der Grabeskirche gerade die große Feier der Auferstehung statt. Dort sieht er seinen Freund weit vorne am Altar am besten Platz stehen, doch er kommt in dem Gedränge nicht zu ihm durch.

Am Ende der Feier verliert er ihn zunächst wieder aus den Augen. Schließlich entdeckt er ihn noch einmal weit entfernt in der Menge, doch er schafft es wieder nicht bis zu ihm. Er beschließt, einfach beim Ausgang auf ihn zu warten. Wenn alle herauskommen, müsste sein Freund bei ihm vorbeikommen, überlegt er. Doch wieder verfehlt er ihn.

Der alte Mann ist müde und sein Geld wird knapp. Erschöpft tritt er die Heimreise an.

Als er nach anstrengenden Monaten endlich zu Hause ankommt, ist der andere längst da. »Das ist ja unglaublich, wir haben uns verfehlt«, ruft er seinem Freund zu. »In Jerusalem habe ich dich gesehen, da warst du am besten Platz, ganz vorn am Altar, und jetzt bist du schon vor mir zu Hause. Wie hast du das bloß geschafft?«

Der andere schlägt demütig die Augen nieder und antwortet: »Gott sei meiner Sünde gnädig. Ich bin niemals in Jerusalem angekommen. Als ich meine Wasserflasche nachfüllte, bemerkte ich, dass die Menschen in dem Haus neben dem Brunnen ganz verhungert waren. Sie konnten sich kaum noch rühren. Halbtot sahen sie aus. Also habe ich ihnen Wasser gebracht. Ich bin länger und länger bei ihnen geblieben und habe ihnen geholfen. Die Ernte habe ich eingebracht und mein ganzes Geld ausgegeben, damit sie nicht mehr hungern müssen. Irgendwann war mein Geld aufgebraucht und ich musste wieder nach Hause.«

Da antwortet der andere: »Ich weiß nicht, wer nun von uns beiden wirklich in Jerusalem angekommen ist.«

Göttlicher Mist

Letzten Endes geht es darum, in jedem Augenblick das zu tun, was uns das Leben aufgibt. Leben ist Pilgerschaft. Erkenntnis bedeutet, diese Haltung der ewigen Reise zu verinnerlichen. Wie Reisende sollten wir offen, neugierig und flexibel bleiben. Auch und gerade in Krisenzeiten.

Wenn wir Probleme haben, herrscht in unserem Kopf oft ein unangenehmes Chaos. Dann können wir uns fragen: Was will das Leben gerade von mir? Wir sollten geistig immer in Bewegung bleiben, niemals erstarren.

Wir können uns fragen, was die Menschen um uns herum gerade am dringendsten brauchen und was wir selbst brauchen, um weiterhin für sie sorgen zu können. Die Balance zwischen unseren Bedürfnissen und jenen der anderen ist schwierig. Wie wir sie finden? Auch darauf werden wir in diesem Buch noch eingehen.

Demut ist kein Besitz, sondern eine ruhige innere Bewegung, eine innere Haltung, an der wir unser ganzes Leben lang arbeiten müssen.

Einer von uns (P. Johannes) hatte einen alten Mitbruder, der mittlerweile bestimmt schon im Himmel ist. Der stand einmal entrüstet im Refektorium, also im Speisesaal des Klosters, und schimpfte: »Ich danke Gott, dass er mir Demut in so überreichem Maße geschenkt hat, sonst würde ich es in diesem Sauhaufen hier niemals aushalten.« Besonders demütig zeigte er sich mit dieser Äußerung allerdings nicht. Denn sobald wir glauben, wir hätten die Demut erreicht, ist sie schon wieder weg.

Der heilige Benedikt verwendete damals, vor 1.500 Jahren, eine Sprache, die alle verstanden. Heutige Altphilologen nennen das »Küchenlatein«. Für »Demut« verwendete er das lateinische Wort humilitas, was auch Bescheidenheit bedeutet. Dieses lateinische humilitas hat drei Wortwurzeln beziehungsweise Verwandte, die uns viel über Benedikts Demutverständnis erzählen. Sehen wir sie uns der Reihe nach an.

Die erste sprachliche Verwandte der *humilitas* ist das Wort *homo*, der Mensch. Im Italienischen heißt der Mensch heute noch *uomo*. Zur Demut gehört es also erst einmal, ein Mensch zu sein und ein Mensch zu werden. Das ist die prägendste Wurzel der Demut. Demütig zu sein heißt, menschlich zu sein und zu werden.

Der zweite Verwandte der *humilitas* ist der Humus, den wir alle aus der Gartenarbeit kennen. Er bezeichnet die Erde und das Ursprüngliche. Der Mensch ist aus Erde gemacht und Erde ist aus Humus gemacht. Humus und *homo* haben im Lateinischen die gleiche Wortzwurzel. Auch in anderen Sprachen gleicht das Wort für Mensch dem für Erde. So bezeichnen wir im Christentum den Menschen auch als Erdling. Der biblische Name Adam kommt von Adama, dem hebräischen Wort für Erde.

Der Begriff »Humus« beschreibt aber nicht nur unseren Ursprung, sondern auch unsere Wandlungsfähigkeit. Der Mist verwandelt sich durch die Elemente und durch die Arbeit und Bewegung der Würmer in neue Erde. Was wir als Abfall bezeichnen, wird so zu etwas Kostbarem. Wasser und Humus (Erde) sind der Reichtum der Erde. Ohne diese beiden gibt es kein Leben. Es ist schade, dass wir heute so verächtlich auf den Humus blicken. Es gehört zur Demut, Humus zu sein, Humus zu machen, den Humus zu pflegen und wirklich zu begreifen, was das bedeutet.

Die Wissenschaft kann uns heute beweisen, dass wir aus denselben Atomen bestehen, die es schon immer gab. Aus den Atomen, die seit jeher diese Welt bilden. Das Leben ist ein ewiger Kreislauf.

Wir stammen nicht nur von unseren Vorfahren ab oder sehen ihnen ähnlich. Wir sind auch aus demselben Material gemacht wie sie. Wenn wir uns das wirklich vergegenwärtigen, ist das eine geheimnisvolle und wunderbare Vorstellung. Aus dem Humus wächst alles Leben. Alle Pflanzen, alle Tiere und Menschen nähren sich damit. Das zu erkennen, macht demütig.

Der dritte Verwandte der *humilitas* ist der Humor. Ohne Humor gibt es keine Demut. Ohne Humor gäbe es auch keinen Menschen. Wir sollten uns nur einmal vorstellen, welchen Humor Gott gehabt haben muss, um uns zu erschaffen.

Im Christentum müssen wir allerdings ein wenig suchen nach dem Augenzwinkern. Auf den ersten Blick wirken wir eher wie ein ziemlich spaßbefreiter Verein. Es gibt ein Buch mit dem Titel »Der Humor Jesu«, und es ist ziemlich dünn.

Interessanterweise kommt das Wort Humor im Neuen Testament nur ein einziges Mal vor, und zwar im 8. Kapitel des Lukas-Evangeliums, im Gleichnis des Sämanns. Dort heißt es sinngemäß: Der Sämann säte sein Korn aus und es fiel auf das steinige Erdreich. Erst ging es auf, doch dann verdorrte es, weil ihm der Humor fehlte. Gemeint ist mit »Humor« hier allerdings nicht das Augenzwinkern, sondern die Feuchtigkeit.

Auch aus diesem Gleichnis können wir aber schließen, dass wir Humor dringend brauchen, um demütig zu leben. Wenn jemand mit einem wie aufgeschminkt wirkenden Weihwassergesicht herumläuft und ganz fromm und demütig tut, sollten wir skeptisch sein.

Ein wirklich demütiger Mensch nimmt sich selbst nicht so ernst. Er oder sie kann ganz entspannt über sich lachen. Humor befreit uns vom Ego.

Von Papst Johannes XXIII. wird erzählt, dass ihm ein frommer, aber ratloser Bischof sein Leid klagte. Er könne wegen der großen Verantwortung und Aufgabe, die er habe, nicht mehr schlafen. Er sei weder fromm noch fleißig genug und kreise beständig um Gedanken seiner Unvollkommenheit. Der Papst lächelte und sagte, dass es ihm manchmal auch so gehe. Aber vor kurzem sei ihm ein Engel Gottes im Traum erschienen, der zu ihm sagte: »Johannes, nimm dich nicht so wichtig!«

Einer der befreiendsten Augenblicke in der Osterliturgie ist der Osterwitz, das Osterlachen. Am Ende der Osternacht sollte ein Witz oder eine Geschichte erzählt werden, der oder die alle Teilnehmenden zum Lachen bringt. Nach der Tragik der

Karwoche und der Konfrontation mit dem Leid und dem Tod sollten Menschen wieder zum Lachen kommen. Der Tod ist nicht das Ende, sondern der immer neue Anfang im Kreislauf unseres Lebens. Manche Mönche behaupten sogar, dass das Halleluja eine kunstvolle Komposition des Lachens ist.

Kapitel drei
DIE LEITER

Unversehens sind wir nun vor der Leiter der Demut angekommen. Wir stehen vor ihr und wundern uns vielleicht ein wenig. Was symbolisiert sie? Ist sie der Weg ins Himmelreich?

Das Sinnbild der Leiter stammt aus dem biblischen Buch Genesis und taucht auch als »Himmelsleiter« oder »Jakobsleiter« auf. Sie kann ein kraftvolles Hilfsmittel in Krisenzeiten sein.

Für den heiligen Benedikt war die Leiter das Symbol für den menschlichen Lebensweg der Demut. Er erklärte, diese Leiter habe an ihren Seiten zwei stützende Holme, die Leib und Seele, Geist und Materie symbolisieren. Dazwischen seien die zwölf Stufen der Demut eingefügt, auf denen die Engel hinauf- und hinuntersteigen.

Das Verrückte an dieser Leiter ist: Wenn wir hinaufsteigen, steigen wir eigentlich nach unten, und wenn wir hinuntersteigen, steigen wir in Wahrheit hinauf. Ein Paradox, das uns versinnbildlicht: Es geht nicht um ein Ziel oder eine Skala, die wir besonders gut oder schlecht absolvieren. Die Leiter selbst ist der Weg und das Ziel. Es geht um die Bewegung, um das Leben.

Das Bild klingt vielleicht auf den ersten Blick etwas kompliziert oder abstrakt, aber wir werden diese Leiter nun Stück für Stück beziehungsweise Sprosse für Sprosse erklimmen, und dann wird alles klar.

Versprochen.

Holme und Sprossen

Sehen wir uns diese Leiter dafür noch einmal etwas genauer an. Zunächst haben wir hier also links und rechts die beiden starken Holme von Leib und Seele. Sie stehen nicht für sich allein da, denn sie sind verbunden durch die einzelnen Sprossen. So stehen sie in Beziehung zueinander. Erst wenn Leib und Seele zusammenkommen, herrscht Ganzheitlichkeit.

Demut ist ganzheitlich. Erst die Bewegung, erst das Erklimmen der Leiter, vereint Leib und Seele.

Ebenso richten sich erst durch die Bewegung die Holme auf, erst durch sie entsteht die Leiter. Demütige Menschen sind also ganzheitliche Menschen, das zu wissen ist wichtig. Sie verleiblichen das Geistige und strahlen das Leibliche im Geistigen aus. Erst wenn unser Geist und unser Körper zusammenkommen und harmonisch zusammenspielen, sind wir zu wahrer Demut fähig.

Jetzt treten wir noch etwas näher an die Leiter heran und betrachten die Engel, die darauf auf- und niedersteigen. Wofür stehen sie?

Wir müssen gar nicht an Engel glauben, um aus dieser Symbolik Nutzen zu ziehen. Denn die Engel stehen für die Kräfte der Natur und des Göttlichen, aber nicht für Muskelkraft, sondern für die geistigen und spirituellen Kräfte in der Schöpfung und in jedem einzelnen von uns. Sie stehen für unsere geistige, mentale, spirituelle Kraft. Aus kraftvoller Auf- und Abwärtsbewegung entsteht Demut. Die mutige Suche nach Erkenntnis und Erleuchtung macht uns demütig.

Auch die Wirbelsäule ist übrigens, rein physiologisch betrachtet, eine solche Leiter, auch sie können wir als Demutsleiter sehen, als Menschwerdungsleiter. Oder denken wir an die hinduistischen Chakren. Sie sind die Energiezentren des Körpers, und sie sind angeordnet wie eine Leiter.

Die Himmelsleiter gehört zu unserem Urwissen. Sie beschreibt eine Urerfahrung der Menschheit. Auch, weil sie in Form der Wirbelsäule ein Teil unseres Körpers ist.

Was der heilige Benedikt als »Stufen der Demut« beschreibt, können wir auch als Kraftzentren oder Kraftquellen sehen, die wir in einer Bewegung der Demut durchqueren. Jede einzelne Stufe braucht ihre eigene Haltung und wahrscheinlich auch ihre eigene Zeit.

Es ist nicht so, dass eine Stufe der anderen folgt. Manche Mönche haben das falsch verstanden. Sie dachten, wenn wir die erste Stufe geschafft haben, folgt automatisch die zweite und so weiter. Sie waren stolz, wenn sie sagen konnten: »Jetzt bin ich schon bei Stufe elf.« Als wären es Stufen wie in einem Computerspiel. Wer die Leiter so sieht, versteht das Bild nicht.

Wir müssen nicht bei Stufe eins anfangen. Wir können auch mittendrin anfangen. Wir beginnen genau dort, wo wir gerade in unserem Leben stehen, und bei dem, was wir gerade spirituell brauchen. Wir beginnen, wo es gerade einfach für uns ist, oder dort, wo uns ein seelischer oder körperlicher Schmerz hinführt. Auch der körperliche Schmerz kann ein Einstieg in den spirituellen Weg sein.

Hier sind einige gute Fragen für den Anfang:

Tun wir zu viel oder zu wenig für andere?

Müssen wir uns mehr um unsere eigenen Bedürfnisse kümmern, damit wir uns den Bedürfnissen unserer Mitmenschen wieder mit voller Kraft widmen können? Weil, wer die Einkäufe der gebrechlichen Nachbarn tragen will, selbst einen starken und gesunden Rücken braucht?

Haben wir jemanden oder etwas vernachlässigt?

Suchen wir nach Schuldzuweisungen für/gegen uns selbst, das Leben oder andere, oder nach Erkenntnis?

Keine Angst, wir bemerken beim Besteigen der Leiter ganz von selbst, auf welcher Sprosse wir gedanklich verweilen sollten.

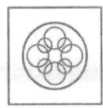

Die erste Sprosse:
Begegnung und Ehrfurcht

Lassen Sie uns die Leiter also gemeinsam erklimmen. In Benedikts Version davon steht die erste Sprosse, also die erste Stufe des Menschwerdens, für die Ehrfurcht vor Gott und der Gottesbegegnung. Es geht ihm also nicht nur um die Erkenntnis, das intellektuelle Wissen, dass es Gott gibt, sondern um die

Erfahrung, ihm zu begegnen. *Ich begegne Gott und habe Ehrfurcht vor diesem göttlichen Leben.* Das ist die erste Stufe der Demut. Benedikt mahnt seine Mönche, niemals das Leben selbst, das eigene, das Leben anderer, das Leben in der ganzen Schöpfung, zu vergessen oder zu ignorieren.

Und zur wesentlichen Qualität des spirituellen Lebens nach der Regel des heiligen Benedikt gehört, »dass wir Gott suchen«, nicht, dass wir ihn gefunden haben.

Gottes Begegnung und Lebenssuche ist ein lebenslanger Prozess und geht auch über unser irdisches Leben hinaus.

Wem das Wort »Gottesbegegnung« nicht gefällt, zum Beispiel, weil er nicht an Gott glaubt, der kann es auch ersetzen. Schließlich geht es um Empfindungen, die sich auch anders benennen lassen. Die Psychologie zum Beispiel spricht von Gipfelerlebnissen. Woran erkennen wir solche Begegnungen, solche Gipfelerlebnisse?

Durch unsere Erfahrung, durch Worte, Lehre und Bücher lernen wir viel über das Göttliche. Doch viel zu wissen ist nicht entscheidend. Es geht nicht nur darum, über Gott zu lesen und über ihn nachzudenken. Entscheidend ist die Erfahrung. Das Gefühl, ehrfürchtig vor ihm zu erschauern.

Dieses ehrfürchtige Erschauern hat rein gar nichts mit Angst zu tun. Im Gegenteil. Es bedeutet: Ich bin im Inneren zutiefst berührt von dieser Erfahrung.

Jeder gläubige Mensch erinnert sich an eine Gottesbegegnung und Abraham Maslow, der Psychologe und Entwickler der Bedürfnispyramide, hat ein entsprechendes Gipfelerlebnis beschrieben, als »überraschendes Geschenk, als Moment intensivsten Glücks, in dem wir uns mit der Welt eins fühlen«.

Vor einigen Jahren durfte ich eine Familie begleiten, in der der jüngste Sohn Tommy ganz plötzlich an einer unheilbaren Herzerkrankung litt. Die Eltern suchten Hilfe in der psychotherapeutischen Begleitung. Als ich einmal mit ihm allein sprach, fragte er mich: »Wie ist das, wenn man stirbt?« Er sagte mir, dass er vermutet, dass er so krank ist, dass er bald sterben würde. Die Eltern seien tieftraurig und die Ärzte schüttelten immer öfter besorgt und ratlos den Kopf. Ich war verblüfft und erschrocken über seine Frage und wusste zunächst keine Antwort. Und dann fragte ich ihn: »Wann warst du schon einmal sehr glücklich?« Er erzählte mir, dass er bei einem Fußballspiel der Schülermannschaft durch ein Zuspiel eines Kameraden den Ball genau auf seine Fußspitze bekommen hat und das Golden Goal geschossen hat. »Da war ich überglücklich!« Und ich antwortete ihm: »So wird es wohl auch beim Sterben sein.«

Nach einiger Zeit verstarb er im Beisein seiner Eltern in einer Kinderherzklinik, weil keine medizinische Hilfe möglich war.

Die Eltern erzählten mir, dass sie die letzten Worte von Tommy nicht verstanden haben. Er sagte zu ihnen: »Sagt dem Pater Johannes, dass ich das Golden Goal geschossen habe.« Ich erzählte ihnen von unserem Gespräch. Trotz der Trauer war es ein Trost.

Es geht um die Erfahrung einer letzten großen Gegenwart, der wir uns gegenübersehen. Viele Menschen erleben das heute mehr in der Natur als bei religiösen Feiern.

Vielleicht spüren wir es, wenn wir den weiten Ozean bestaunen, durch einen friedlichen Wald spazieren oder auf einer

Wiese in den unendlichen Himmel schauen. Sicherlich können wir es auch bei einem Gottesdienst erleben oder in tiefen menschlichen Beziehungen. In der Freundschaft mit einem Menschen, in der Liebe zu unseren Kindern.

Es geht um die ganz große Begegnung, bei der immer zwei Elemente im Spiel sind. <u>Erstens erschauern wir.</u> Wir sind überwältigt und kommen uns plötzlich ganz klein vor. <u>Zweitens sind wir gleichzeitig eins damit.</u>

Wir spüren mit allen Sinnen: Hier bin ich, dort ist diese große, überwältigende Gegenwart und gemeinsam sind wir eins. Alles ist eins.

Das haben viele von uns gefühlt, als eine besondere Freundschaft oder Liebe begann. Das erste Gefühl ist: So ein wunderbarer Mensch! Das zweite Gefühl ist: Das bin ja auch ich! Beides kommt auf wundersame Weise zusammen. Wir erkennen uns selbst im Angesicht des anderen. Wir sehen uns selbst im großen Ganzen.

In der Geschichte der Spiritualität haben wir Menschen diese beiden Erfahrungen oft getrennt. Das war nicht besonders klug von uns. Wenn wir, wie zum Beispiel die Kirche es tut, nur das Überwältigende, nur das Erschauern und die Ehrfurcht betonen, und nicht unser Einssein damit, entsteht ein Gottesbild, bei dem es einen himmlischen Herrscher gibt, vor dem wir uns alle fürchten müssen. Gleichzeitig hat die Kirche das innere Wesen viel zu wenig betont. Daraus erwuchs bedauerlicher Weise eine Spiritualität der Unterwürfigkeit. Sie verlangte uns ab, besonders rein und fromm zu sein, um überhaupt würdig zu sein.

Es gehört dazu, sich zu bemühen, ein guter und reiner (authentischer) Mensch zu sein. Aber dieses Bemühen muss ausbalanciert sein mit der anderen Hälfte: unserer Selbstachtung.

Das hat Jesus erkannt. Zu seiner Zeit befassten sich die Geistlichen viel zu sehr mit dieser Reinheitsspiritualität. Der Name Pharisäer bedeutet passenderweise »die Reinen«. Ihre Lehre war nicht schlecht, aber einseitig. Es fehlte etwas Entscheidendes. Deshalb betonte Jesus auch die andere Hälfte der göttlichen Lehre: die Güte, die Vergebung und die Barmherzigkeit. Das beinhaltet auch den großzügigen und gütigen Umgang mit uns selbst.

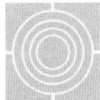

Die Hilfsmittel der Erde

Kraftvolle Hilfsmittel stehen in der Natur bereit. Wie wir schon gesehen haben, stammen die Pflanzen und die Menschen dieser Erde aus dem gleichen Humus, aus dem gleichen Ursprung. Deshalb können Pflanzen spirituelle Heilmittel sein.

Paracelsus, Hildegard von Bingen und die großen arabischen Ärzte wiesen darauf hin. Sie alle schworen auf die so genannte Signaturlehre, die sich mit Analogien, mit Bildern in der Natur befasst, und daraus Heilmethoden sowohl bei körperlichen wie auch bei seelischen Leiden entwickelte. So ergibt sich für die Bohne aufgrund ihrer Form eine Heilwirkung bei Nierenleiden und für die Walnuss eine Wirkung bei der Behandlung des Gehirns. Solche Analogien können zwischen Form, Farbe, Charakter, Geruch, Geschmack, Standort, Entstehungszeit, astrologischen Zuordnungen und vielen weiteren Aspekten bestehen. Die meisten davon wissen wir nicht einmal und verstehen sie auch nicht, weil sie in Bildern reden und nicht mit naturwissenschaftlichen Erkenntnissen.

Die Pflanze, die zur ersten Stufe der Demut, der Begegnung und der Ehrfurcht, gehört, ist die Linde. Sie ist der Baum der Erkenntnis. Die Linde ist die Pflanze der Gottesbegegnung und der Gottesbeziehung, gleichzeitig auch der Menschen, Beziehungen und der Selbstwertschätzung. Sie ist auch ein altbewährtes Hausmittel. Wenn wir Fieber haben oder eine Erkältung, können wir ihre getrockneten Blüten kochen. Lassen wir den Sud ein wenig stehen, färbt er sich von selbst leuchtend rot. Das ist die Farbe des Heiligen Geistes. Rot ist das Blut der Erde, das uns Ehrfurcht lehrt.

Menschen haben die Linde zu allen Zeiten verehrt und geachtet. Vielen Völkern galt und gilt sie als heilig. Noch heute findet man sie als »Dorflinde« in vielen Orten als den zentralen Platz, der alle zusammenbringen soll.

Die zweite Pflanze der ersten Sprosse ist der Holunder. Er ist ein unscheinbarer Strauch, sein Stamm und seine Äste sind unansehnlich. Doch wenn er blüht, streckt er sich nach oben und lädt ein zur Begegnung mit dem Göttlichen. Seit prähistorischen Zeiten nutzen und ehren wir Menschen ihn als sagenumwoben und heilig. Früher stand vor fast allen Häusern ein Holunderstrauch, weil die Bewohner ihn als Wächter gegen böse Geister und Blitzschlag sahen.

Und wenn wir ganz achtsam sind und einen alten Holunderstrauch nicht einfach umhauen und ins Feuer werfen, sondern stehen lassen, können wir auf dem abgestorbenen Holz einen Pilz, das Judasohr, entdecken, den sowohl die alten Chinesen als auch die alten Heiler in Europa gebraucht haben, um den Tinnitus zu heilen. Gotteserfahrung beginnt immer mit dem achtsamen Hören.

Die dritte und letzte Pflanze, die uns das Erklimmen der ersten Sprosse erleichtert, ist der Lavendel, weil er uns beruhigt und zentriert. Wir können seine kleinen violetten Blüten als Tee und Gewürz verwenden oder sein duftendes ätherisches Öl als natürliches Beruhigungsmittel und Schlafmittel. Denn nur ein ruhiger Mensch kann die Erkenntnis finden.

Wir möchten darauf hinweisen, dass die angegebenen Pflanzen nicht die einzigen sind, die auf einer bestimmten Stufe helfen können. Wir möchten Sie ermutigen, selbst auf die Suche nach den passenden Helfern zu gehen. Wir vertrauen darauf, dass Sie fündig werden.

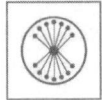

Die zweite Sprosse:
Abschied vom Ego

Die zweite Sprosse der Himmelsleiter steht für den Weg vom Ego zum Selbst.

Unser Ego ist unreif und auf sich fixiert. Unser Selbst dagegen ist weise und erkennt, dass es in den Kosmos eingebunden ist. Diese Sprosse zu erklimmen heißt, den Weg der Authentizität zu gehen. Unser wahres Selbst und unsere Authentizität ergeben sich aus der ehrfürchtigen Gottesbegegnung oder der Gipfelerfahrung in der Natur.

Wenn wir uns des großen Ganzen bewusst werden, erkennen wir, dass unser Selbst gleichbedeutend ist mit dem allumfassenden Selbst. Das anzuerkennen macht uns demütig. Wir existieren nicht allein für uns selbst, wir sind Teil des Kosmos.

Wie kommen wir vom sorgenvollen, selbstsüchtigen Ego zum weisen Selbst, das sich als Bestandteil von etwas viel Größerem erkennt? Das ist gar nicht so leicht zu verstehen.

Beginnen wir mit einem Wort, das uns allen vertraut geworden ist: Selbstverwirklichung. Uns modernen Menschen ist es sonnenklar, dass wir uns selbst verwirklichen wollen. Das bedeutet für uns, unsere besonderen Talente zu nutzen und etwas Sinnvolles mit unserer Lebenszeit anzufangen.

Wir sollten uns dabei aber immer bewusst machen: Es geht um Selbst-Verwirklichung und nicht um Ego-Verwirklichung. Es geht also um den Sinn. Aber was ist der Unterschied zwischen beidem, zwischen Ego und Selbst? Bei unserem Versuch, das zu verstehen, kann uns wieder das Bild der Leiter helfen.

Eine Leiter ist eine Verbindung. Sie verbindet das Oben mit dem Unten und umgekehrt. In der Bezeichnung »Leiter« stecken auch die Worte »Leitung« sowie »der Leiter« beziehungsweise »die Leiterin«. Etwas oder jemand leitet uns irgendwohin. Auch wir selbst sind irgendwann im Leben für irgendjemanden ein Leiter oder eine Leiterin.

Es gibt zwei Formen der Leitung, zwei Bilder, die uns ganz konkret in Krisenzeiten helfen können: die Flasche und das Rohr. Der Unterschied ist gering, aber entscheidend. Bei einer Flasche gibt es nur einen einzigen Eingang und keinen Ausgang. Beim Rohr gibt es immer einen Eingang und einen Ausgang. Es ist durchlässig. Das Rohr steht im Gegensatz zur

Flasche für die Leitung der Demut. Das mag ein wenig abstrakt klingen, aber warten Sie ab. Es wird sich lohnen.

Die Flasche behält alles für sich, bis sie irgendwann überquillt oder im schlimmsten Fall platzt. Letzteres können wir uns noch besser bei einem Luftballon vorstellen, der ebenfalls eine einseitige Leitung ist. Wenn wir ihn mit Luft füllen, wird er größer und größer, er hält und hält, bis er nicht mehr kann und platzt. Er geht kaputt.

Die Leitung, um die es hier geht, ist durchlässig, wie ein Rohr. Einerseits ist sie stark und stabil, sonst kann sie nicht leiten. Andererseits hält sie nichts fest.

Nehmen wir uns ein Beispiel an dieser durchlässigen Form der Leitung. Hüten wir uns davor, alles festhalten zu wollen.

Das Leben besteht aus Geben und Nehmen. Wir müssen annehmen, aber auch loslassen können. Standfeste Durchlässigkeit hilft uns durch alle Krisen.

Wenn wir merken, wie wir krampfhaft an etwas festhalten und nichts mehr loslassen und hergeben wollen, sollten wir uns locker machen. Auch wenn wir nur nach unserem eigenen Belieben geben, ist das nicht die Haltung der Demut. Dann ist Vorsicht geboten.

Doch auch beim Nehmen ist Vorsicht geboten. Wenn wir nehmen, denken wir oft, ebenso viel wieder zurückgeben zu müssen. So kommen wir in einen Kreislauf der Abhängigkeit.

Wir alle kennen Menschen, die sich völlig verausgaben und geradezu stolz darauf sind, selbst nichts zu nehmen. In einer dazu passenden Bibelstelle heißt es: *Petrus sagt zu Jesus: Niemals wirst du mir die Füße waschen. Jesus antwortet: Wenn du dieses Geschenk von mir nicht annehmen kannst, hast du nicht Teil an mir.* (vgl. Joh. 13,8)

Das Leben ist immer ein Geben und Nehmen. Sich beschenken zu lassen, ohne gleich wieder etwas zurückzugeben, ist eine großzügige Haltung des Menschseins.

Damit zurück zur Selbstverwirklichung, die niemals eine Egoverwirklichung sein darf. Es geht nicht um die Vervollkommnung der Flasche. Die Flasche ist eine Einbahnstraße. Sie steht für das hortende, uneinsichtige Ego. Es geht um die Durchlässigkeit des Rohrs. Das Rohr ist die Leitung, der Weg zum Gipfel.

Erst wenn wir durchlässig sind, erst wenn Geben und Nehmen in unserem Leben ausgewogen ist, sind wir authentisch. Erst dann sind wir »wir selbst«.

Die Pflanzen der Durchlässigkeit

Der Natur fällt das Prinzip des Loslassens leicht. Sie ist ein ewiger Kreislauf des Gebens und Nehmens, des Sterbens und des Neuanfangs. Die Pflanze, die uns helfen kann, authentisch zu leben, ist die Brennnessel.

Sie ist eine der großen und mächtigen Heilpflanzen der Menschheit. Viele halten sie fälschlicherweise für eine eiskalte Egoistin, weil sie auf der Haut brennt. Dabei ist sie extrem heilsam, denn sie reinigt unsere Lebensenergie, das Blut. Wir können Brennnesseltee trinken, die Brennnessel als Salat, Suppe oder wie Spinat essen. Wenn Sie jemanden kennen, der sehr egoistisch ist, empfehlen Sie ihm die Brennnessel. Sie kann ihn reiner und durchlässiger machen.

Es gibt noch eine zweite, recht unscheinbare Pflanze, die uns hilft, zu unserem innersten Selbst durchzudringen. Die Gundelrebe. Vielen gilt sie als Unkraut, das mit seinen kleinen herzförmigen Blättern und den blassvioletten Blüten fast unbemerkt den Boden bedeckt. Aber die Gundelrebe, auch Gundermann genannt, hat es in sich. Sie ist die Königin der Entgiftungspflanzen. Sie wirkt entschlackend und hilft uns auch nach langer Krankheit wieder auf die Beine. Als Tee oder Aufguss ist sie ein wahres Gottesgeschenk.

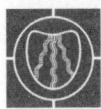

Die dritte Sprosse:
Gehorsamkeit heißt Zuhören

Die dritte Sprosse ist die der obedientia, des Gehorsams. Damit meinte der heilige Benedikt aber nicht Gehorsamkeit und Unterwürfigkeit im heutigen Wortsinn. Er meinte das gegenseitige Zuhören, das liebende Hinhorchen und das gemeinsame Handeln.

Gehorsamkeit (gemeinsames Hören und Handeln) ist Solidarität, das Sammeln unserer Energie und das Fruchtbarmachen unserer Kraft.

Die Wurzeln der Worte verraten uns vieles, was wir auf den ersten Blick nicht sehen, das haben wir in diesem Buch schon einige Male gezeigt. So steckt auch im Wort »gehorchen« bereits das »Horchen« und das »Hören«.

Das gegenseitige Hinhorchen ist der Beginn allen Tuns. Einander zuzuhören heißt, einander zu gehorchen im tiefsten, im liebevollsten Sinn.

Kadavergehorsam oder blindes Befolgen von Befehlen ist das Gegenteil davon. Dabei hört in Wirklichkeit niemand mehr richtig hin.

Wenn wir ganz alleine sind und genau und aufmerksam in uns hineinhorchen, ist das schon einmal gut. Das ist ein Erfolg und ein Anfang. Wenn es uns gelingt, gemeinsam zu horchen und gemeinsam etwas zu verwirklichen, entfaltet der Gehorsam seine eigentliche Kraft. Das gemeinsame Hinhorchen macht uns zum Stärksten, was wir sein können.

Wir könnten auch sagen: Die dritte Sprosse der Leiter ist gar nicht die Gehorsamkeit, denn dieses Wort ist missverständlich. Die dritte Sprosse ist vielmehr die Gottesbegegnung in der Gemeinschaft.

Die Pflanze des Horchens

Die Pflanze, die uns beim Hin- und Zuhören hilft, heißt Frauenmantel. Sie ist eine potente Heilpflanze gegen viele Leiden. In der Wirkung des Frauenmantels symbolisiert sich der Gehorsam, wie wir ihn verstehen. Das Blatt des Frauenmantels sieht aus wie ein kleines Ohr. An seinen Rändern sammeln sich frühmorgens die Tautropfen und fließen gemeinsam in die Mitte. Die Alchemisten sammelten dieses Wasser des Frauenmantels und nannten es »Himmelstau« oder »Wasser des Lebens«. Das ist ein wunderbares Bild.

Die vierte Sprosse: Standfestigkeit im Sturm

Wenn wir den nicht immer leichten Weg der Menschwerdung gehen, brauchen wir, wie schon beschrieben, eines ganz besonders: Standfestigkeit. Wir müssen dem Leben standhalten können, auch in Krisenzeiten. Diese Sprosse kommt erst an vierter Stelle, obwohl sie grundlegend ist. Der feste Stand ist die Basis.

Es hat allerdings einen Grund, warum er erst an vierter Stelle steht. Erinnern wir uns, um dies besser verstehen zu können, kurz an die ersten drei Sprossen:

Sprosse 1: Die Begegnung mit Gott oder dem großen Ganzen

Sprosse 2: Die Begegnung mit unserem höheren Selbst

Sprosse 3: Die Gottesbegegnung in der Gemeinschaft

Diese drei Sprossen gehören zusammen, weil sie unsere Haltung zur geistigen und materiellen Welt beschreiben. Doch jetzt stoßen wir erstmals auf Hindernisse. Jetzt müssen wir die ganze schöne spirituelle Theorie auch im manchmal harten Alltag beweisen.

Wir alle erleben Krisen. Wir alle müssen stark sein. Es ist wichtig, sich das zu vergegenwärtigen: Auf dem Weg der Menschwerdung begegnen uns auch Widerwärtigkeiten.

Klar, ohne sie wäre alles viel schöner. Aber es gibt sie nun einmal und sie kommen immer wieder. Sie lassen sich nur durch Stabilität, eine richtig verstandene Stabilität wohlgemerkt, bewältigen. Damit sind wir noch einmal bei diesem tiefen geistlichen benediktinischen Grundsatz.

Stabilität ist die Voraussetzung für Dynamik. Niemals ist es umgekehrt.

Wir brauchen Stabilität. Wir brauchen ein starkes Rückgrat.

Wenn wir versuchen, stark zu sein, können wir leicht erstarren oder verhärten. Das ist die falsche Stabilität. Der im Sinne Benedikts stabile Mensch erstarrt nicht. Er ruht in sich.

Wahre Stabilität ist eine Form des inneren Bewegtseins. Geistige Flexibilität ermöglicht Stabilität in Krisenzeiten.

Dieser Punkt zeigt ganz besonders deutlich, wie praktisch und im täglichen Leben anwendbar die Sprossen der Himmelsleiter sind. Der heilige Benedikt hat sie eigentlich für Mönche beschrieben, aber sie lassen sich für alle Menschen anwenden, ob sie nun Christen sind oder nicht.

Jede Spiritualität, jede innere Haltung, die wir in der Stille unseres Geistes kultiviert haben, muss sich in der Konfrontation mit dem Alltag, im täglichen Leben bewähren. Sie muss sich an der Wirklichkeit beweisen. Oft reagieren wir mit Depressionen, wenn uns das Leben übel mitspielt. Aber wir sind nicht allein. Und die Natur schenkt uns für diese schlimmen Phasen drei Retter, drei Pflanzen der Stabilität.

Die Pflanzen der Stabilität

Es gibt eine wunderbare Heilpflanze, die uns als Vorbild dienen kann. Sie ist ungeheuer stabil und aufrecht, kann sich aber auch so weit verbiegen, dass ihre Wurzeln niemals gefährdet sind. Dieses Wunderwerk der natürlichen Architektur ist der Hafer.

Wenn ein Sturm tobt, hält ein Haferfeld einer ungeheuren Wucht stand. Ein einzelner Halm würde vielleicht knicken, aber in der Gemeinschaft ist er geschützt. Auch uns Menschen hilft das Gemeinschaftserleben und das Gemeinschaftsgefühl, wenn der Sturm des Lebens über uns hinwegzieht.

Der Hafer hat noch zwei starke Schwestern, die magischen Pflanzen Baldrian und Johanniskraut. Wir kennen sie als Beruhigungsmittel oder Schlafkräuter, aber das ist nur ein Teil der Wahrheit. Alle drei Pflanzen können viel mehr als uns zu besänftigen. Sie können uns unsere Ängste nehmen. Sie helfen uns, mit kleinen Sorgen und tiefsten Verunsicherungen fertigzuwerden. Sie stützen uns, bis wir unsere Stabilität zurückerlangen.

Außerdem geben alle drei Pflanzen einen guten Schlaf, eine wichtige Voraussetzung für Stabilität. Nicht umsonst haben unsere Vorfahren in ihren Betten die Strohsäcke mit Haferstroh gefüllt.

Die fünfte Sprosse:
Klarheit und Transparenz

Wir steigen auf der Leiter noch eine Sprosse höher und sehen von dort aus viel klarer. Denn die fünfte Sprosse steht für Offenheit und Transparenz.

Offenheit bedeutet nicht, sich selbst aufzulösen. Transparenz bedeutet nicht, immer alles zu sagen, was wir gerade denken. Offenheit und Transparenz bedeuten: Wir sind fähig, mit anderen Menschen zu leben und ihnen zu erklären, wie wir leben und warum wir so leben.

Es geht also darum, so transparent und gleichsam durchschaubar zu werden, dass andere uns begreifen und unsere Handlungen nachvollziehen können.

Das ist auch eine neue Dimension der Demut. Es geht bei wahrer Demut ja nicht nur um eine persönliche oder private Spiritualität. Es geht um eine kollektive Demut, um eine ganze Gesellschaft der Demut.

Wir leben heute in einer Gesellschaft der Isolation, des Stolzes und der Ausbeutung. Macht ist der entscheidende Wert geworden und die Rangordnung das entscheidende Statussymbol. Das verursacht viel unnötiges Leid.

Wie kommen wir da heraus? Der erste Ansatz für eine Kultur der Demut, für eine Gesellschaft der Demut oder der Barmherzigkeit ist die Transparenz. Politiker sollten transparenter werden, in allem, was sie tun. Auch Unternehmer und Unternehmerinnen, Lehrer und Lehrerinnen, Forscher und Forscherinnen, Väter und Mütter, sie alle sollten offenlegen, was sie tun und warum sie es tun. Wir sollten uns bemühen, anderen nichts mehr vorzumachen. Nicht zu lügen. Wir sollten sagen können: So bin ich.

Wir sollten uns selbst annehmen und uns den anderen so zeigen, wie wir sind.

Aber Vorsicht: Wir sollten dabei immer bereit sein, uns zu verändern und zu verbessern. Wir sollten uns davor hüten, stolz hinauszuposaunen: So bin ich eben, nehmt mich gefälligst, wie ich bin, ich kann mich nun einmal nicht ändern.

Eine innere Haltung der Offenheit und soziale Transparenz spielen auf unserer spirituellen Reise eine wichtige Rolle. Aus offenen, klaren, transparenten Menschen entsteht eine offene, klare und reine Gesellschaft.

Die Pflanze der Transparenz

Traditionell verstehen wir den unauffälligen Schachtelhalm als Pflanze der Transparenz. Früher machten sich die Menschen seine reinigende Wirkung vor allem beim Reinigen von Gegenständen aus Zinn zunutze, weshalb wir ihn auch als Zinnkraut kennen. Der Schachtelhalm enthält die klärende und harnreinigende Kieselsäure. Seine Wirkung ist stark und kraftvoll. Wenn wir ihn allerdings aus nächster Nähe betrachten, sehen wir, wie hauchdünn und transparent seine Struktur ist. Deshalb steht der Schachtelhalm wie keine andere Pflanze für Klarheit, Transparenz und körperliche sowie geistige Reinigung.

Die sechste Sprosse:
Akzeptanz und Herzensgüte

Die sechste Sprosse der Leiter ist die logische Folge der fünften. Wenn wir ehrlich zueinander und zu uns selbst sind, kann Liebe entstehen. Erst gute, gesunde Transparenz ermöglicht unsere Selbstannahme und die Annahme unserer Mitmenschen. Wenn wir uns selbst wohlwollend annehmen, können wir auch andere wohlwollend annehmen. Wir sagen die Wahrheit und nehmen die anderen großherzig und versöhnlich an, wie sie eben sind. Wir akzeptieren uns selbst und sie.

> *Erst, wenn wir ehrlich zu uns selbst und mit uns im Reinen sind, können wir uns selbst lieben. Erst, wenn wir die anderen so sehen, wie sie wirklich sind, können wir sie lieben. Erst dann leben wir eine liebevolle Akzeptanz ohne Filter und Masken.*

Die Pflanze der Akzeptanz

Die Mariendistel verwenden wir seit langem bei Leberleiden. Wenn sich in unserem Körper Gift angesammelt hat, kann sie uns physisch und psychisch reinigen. Die alten geistlichen Meister sagen: Die Mariendistel lehrt uns die Akzeptanz unserer selbst und der anderen.

Zudem empfehlen die alten Heiler diese Pflanze auch bei Zorn und Ärger, wenn uns die Galle hochsteigt.

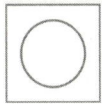

Die siebte Sprosse:
Von Würmern und Menschen

Es ist gut, wenn wir uns schon ein bisschen in Transparenz und Akzeptanz geübt haben. Beides brauchen wir jetzt für eine der schwierigsten Sprossen der Himmelsleiter. Wenn wir in den Originalschriften des heiligen Benedikts über diese Sprosse lesen, können wir leicht verzweifeln oder sogar denken: Diese Sprosse lasse ich lieber aus, ich vergesse sie einfach, denn das ist nichts, was ich mit meinem ganz normalen menschlichen Geist noch begreifen kann.

Zu dieser Sprosse der Leiter hat Benedikt einen seltsamen Satz notiert, der sinngemäß lautet: *Der Mönch muss begreifen, dass er kein Mensch ist, sondern ein Wurm.*

Was soll das bedeuten? Wer lässt sich schon gerne als Wurm bezeichnen? Du unbedeutender Wurm! Das ist ein heftiges Schimpfwort.

Erinnern wir uns an den Humus, aus dem wir alle stammen, und an den Wurm, der diesen Humus verarbeitet und erzeugt. Der Wurm hat also eine Fähigkeit, die uns auf dieser Erde überhaupt erst überleben lässt. So gesehen ist dieses kleine, mickrige, vielleicht für manche sogar eklige Tierchen ziemlich mächtig.

Wenn wir den Wurm verachten, sind wir dumme Hühner. Wir picken ihn auf mit unserem Schnabel und schlingen ihn hinunter. Dann haben wir nicht verstanden, welche Bedeutung der Wurm für uns hat. Er ist nichts Geringeres als die tiefste Ursache des lebensnotwendigen Transformationsprozesses der Erde.

Doch darin steckt noch mehr. Denken wir an die Menschen, die den lieben langen Tag nichts anderes tun, als uns beim Überleben zu helfen, weil sie unseren Müll beiseite räumen. Weil sie die Drecksarbeit machen, die wir nicht machen wollen. Sie halten die Dinge am Laufen. Wir verdanken es ihnen, dass wir so leben können, wie wir es tun. Wir verdanken ihnen gewissermaßen unser Leben.

Benedikts Satz über den Wurm bedeutet also einmal mehr: Wir sollten dankbar und ehrfürchtig sein. Denn diese Ehrfurcht ist eine Haltung, die den Transformationsprozess in jedem Menschenleben wachhält.

Es gibt eine Parallele zwischen der Transformation der Erde und der Transformation des Geistes. Im Bild des missverstandenen armen Wurms steckt auch die Erkenntnis, dass wir alle eingebettet sind in das große Ganze.

Aber wir graben noch tiefer.

Der Wurm weist uns darauf hin, dass es eine Zeit gab, in der wir nicht da waren. Er erinnert uns daran, dass eine Zeit kommt, in der wir nicht mehr da sein werden.

Auch wir werden wieder zu Humus. Dazwischen können wir ein bisschen beitragen zum Geschick der Menschheit. Hoffentlich ist dieser Beitrag positiv und vielleicht sogar bereichernd für andere.

Das ist ein ganz anderes Menschenbild, als wenn wir uns als Krone der Schöpfung sehen. Genau das wollte uns der heilige Benedikt mit seinem Satz über den Wurm sagen.

Betrachten wir den Wurm auch mit diesem Wissen, das wir nun, in der Mitte der Leiter, bereits angesammelt haben. Wir haben gelernt, dass es auf zwei Dinge besonders ankommt im Leben, auf Stabilität und Flexibilität.

Der Wurm steht für beides. Er ist fest und beeindruckend stark. Er gräbt sich durch alles Mögliche, selbst durch harten Boden und faserige Pflanzenreste. Das ist eine erstaunliche Leistung. Gleichzeitig ist er flexibel. Wie der Wurm müssen wir gleichzeitig standfest und biegsam sein.

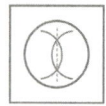

Die Pflanze der Ehrfurcht

Um die Tugenden des Wurmes zu erlangen, hat uns die Natur ein wunderbares Vorbild geschenkt. Die Esche. Diese heiligen Bäume haben ein hartes, robustes und extrem stabiles Holz, das gleichzeitig so beweglich ist wie Weidenäste.

Wieder schließt sich der Kreis: Unsere Vorfahren fertigten ihre Schaufelstiele traditionell aus Eschenholz an. Sie nutzten den Baum der Stabilität und Flexibilität also zum Umgraben der Erde, und in dieser Erde wirkt still und leise der Wurm, das Tier, das wie kein zweites Wesen für Stabilität und Flexibilität steht.

Die achte Sprosse:
Bewunderung und Wunder

Die alten Mediziner wussten: *Verba docent, exempla trahunt.* Worte lehren, Beispiele nutzen. Was ist damit gemeint?

Wir alle brauchen Beispiele und Vorbilder, nach denen wir leben können. Niemand muss bei null anfangen.

Wir können und müssen voneinander lernen. Der heilige Benedikt erklärte, wie uns dabei gemeinsame Gebote und Regeln nutzen.

Gebote und Regeln, das klingt vielleicht langweilig, streng oder einengend, doch auch das wäre eine Fehlinterpretation der Begriffe. Gemeinsame Regeln helfen uns vielmehr, aktiv zu werden, indem uns diejenigen, die bereits reif und weise sind, als Beispiel dienen.

Jeder Mensch will seinen eigenen Weg gehen und seine eigenen Fußstapfen im Sand hinterlassen. Doch diejenigen, die vor uns hier waren, können unseren Weg vereinfachen. Ihn angenehmer machen und weniger beschwerlich.

Wenn wir skeptisch sind, was Vorbilder angeht, hilft uns vielleicht der Unterschied zwischen Schablonen und Beispielen.

Bei Schablonen müssen wir etwas genauso ausschneiden, wie es vorgegeben ist. Beispiele hingegen inspirieren uns, wir selbst zu sein.

Stellen wir uns einen Keksausstecher vor. Diese Küchenutensilie ist für unseren geistigen Weg nicht gerade inspirierend. Kekse auszustechen ist alles andere als kreativ. Wenn wir allerdings ein wenig Glück gehabt haben im Leben, gab oder gibt es da Lehrer, Verwandte oder Freunde, die uns wirklich begeistert und inspiriert haben. Diese Menschen sind richtungsweisend für unser ganzes Leben.

Bewunderung kommt von Wunder. Begeisterung ist ein Hinweis auf ein solches Wunder. Wenn ein Mensch uns im Herzen berührt und wir ihn bewundern, ist er unser bester Wegweiser.

Das hatte der heilige Benedikt viel mehr als strenge Maßregeln im Sinn, wenn er von Geboten und Regeln sprach: leuchtende Beispiele.

Betrachten wir nun das Wort »Regel« noch etwas genauer. Es kommt nicht vom »Reglement«, das es beispielsweise beim Militär gibt. Der lateinische Ursprung lautet *regular*, was eigentlich soviel wie »Spalier« bedeutet. Ein Spalier ist eine Stütze, ein Gitter, an dem etwas ranken, reifen und wachsen kann.

Wenn wir aufwachsen, tun wir das mit Hilfe dieses Spaliers. Aber wie wir wachsen, das bleibt uns überlassen. Regeln erlauben es uns, kreativ zu sein.

Der Baum der kreativen Transformation

Auch hierfür hat uns die Natur ein Vorbild geschenkt, die Birke. Sie steht für Wachstum, sowohl in der Jugend wie auch im Alter. Und sie ist in jedem Alter eine Pionierpflanze. Sie geht uns immer voraus. Aufrecht und schlank steht sie da, mit ihrem schönen weißen Stamm. Ihre Rinde und ihre Blätter helfen uns bei Nierenleiden und Hautkrankheiten. Als Maibaum ist sie das Symbol des Frühlings und der ewigen Erneuerung. Wie ein gütiger, weiser Mensch dient sie uns als leuchtendes Beispiel.

Die neunte Sprosse:
Seriöse Kommunikation

Diese und die beiden folgenden Sprossen zehn und elf gehören eng zusammen und greifen ineinander. Bei allen drei handelt es sich um Regeln und Grundlagen einer geglückten Kommunikation. Denn wie wir miteinander sprechen, spielt eine bedeutende Rolle. Dies gilt nicht nur für unser eigenes persönliches Leben, sondern für unsere gesamte menschliche Entwicklung. Wenn wir heute klug kommunizieren, nutzt uns das als Menschheit noch morgen.

Das erste dieser drei zeitlosen Gebote bezeichnen wir als »seriöse Kommunikation«. Der heilige Benedikt formulierte es schöner und dramatischer: »Halte deine Zunge im Zaum, denn Leben und Tod liegen in der Gewalt der Zunge.« Wir sollten immer bewusst mit unseren Worten umgehen, heißt das.

Reden gehört zwar zum Menschsein dazu, aber wir sollten niemals kopflos schwätzen. Es gibt einen feinen, aber entscheidenden Unterschied zwischen Gespräch und Geschwätz.

Das gute Gespräch entsteht immer aus der vorangegangenen Stille. Zum rechten Reden gehört es deshalb, das Schweigen zu lernen. Durch die Stille finden wir zu uns und überlegen, was wir eigentlich sagen wollen und was beim anderen ankommen soll. Wir wählen unsere Worte aus der Stille heraus mit Bedacht. Die Schwätzerei plätschert dagegen kopflos und sinnlos dahin und ist sich ihrer selbst nicht bewusst.

Das gute, sinnvolle Reden entsteht erst aus der richtigen Haltung. Es erwächst aus der Leichtigkeit und hat nichts zu tun mit großtönenden Worten.

Weise Worte sind meist leise und zart.

Die Pflanzen der seriösen Kommunikation

Dazu passen zwei zarte, aber kraftvolle Pflanzen, das Hirtentäschel, das unter anderem den Blutdruck regulieren, die Verdauung fördern und gegen Rheuma, Gicht und Nasenbluten helfen kann, und die Kamille mit ihren bekannten Einsatzmöglichkeiten. Weder Aussehen noch Duft beider Pflanzen sind aufdringlich, eher subtil, aber ihre Wirkung überzeugt uns seit Anbeginn der Menschheit.

Die zehnte Sprosse: Miteinander lachen

Die zweite Kommunikationsregel Benedikts haben spätere Generationen lange Zeit falsch übersetzt und falsch verstanden. »Der Mönch ist nicht zum Lachen bereit«, lautete sie in dieser verunglückten Version, womit er ein freudloses und spaßbefreites Leben zu empfehlen schien.

Tatsächlich verwendete er an der betreffenden Stelle das lateinische Wort risus, was »Gelächter und Spott« bedeutet. Er meinte also, dass seine Mönche nicht dazu bereit sein sollten, andere überheblich zu verspotten und niederzumachen. Richtig hieß die Regel also: Der Mönch ist nicht zum Auslachen bereit. Aber etwas ganz anderes als Hohn und Spott sind gemeinsames Lachen und echte gemeinsame Freude.

Es geht hier um eine grundlegende Kommunikationsregel für die Menschwerdung.

Wir alle wissen, wie leicht wir andere durch Spott niedermachen können. Gleichzeitig gehören das Lachen und die Fröhlichkeit untrennbar zur Demut.

Wenn jemand mit Leichenbittermiene durchs Leben geht, zeigt er uns damit, dass er nicht demütig ist, sondern eher stolz darauf, so richtig zu leiden.

Wir sollten jedenfalls genau darauf achten, wie wir miteinander reden, welche Worte wir wählen, was wir zueinander sagen und wie wir miteinander lachen.

Die Pflanze der bedachtsamen Worte

Besonders nachdrücklich erinnert uns daran im Pflanzenreich die Tannen- oder Fichtelwipfel. Sie steht für innige Freundschaft und lindert passenderweise Entzündungen im Mund- und Rachenraum.

Die elfte Sprosse:
Beschwingt und leutselig

Nun sind wir bereits bei der elften Sprosse der Leiter angelangt, wir sind also fast oben. Oder fast unten, je nachdem, welche Perspektive wir einnehmen. Wie gesagt ist die Leiter keine Skala. Sondern alle Sprossen sind gleich wichtig.

An dieser Stelle riet uns der heilige Benedikt: Wenn wir reden, sollten wir beschwingt sein, aber nicht überheblich.

Diese Regel hat zwei interessante Aspekte. Zum einen sind da der Schwung und die Leichtigkeit. G. K. Chesterton, der Autor der Pater-Brown-Geschichten, formulierte einmal sehr treffend: Engel können fliegen, denn sie nehmen sich so leicht. Beschwingt zu sein gehört zur Demut.

Benedikt schrieb außerdem, wir sollten beim Reden gleichzeitig leutselig und würdevoll sein. Wenn wir an demütige Menschen denken, fällt uns auf, dass ihnen das gelingt. Sie sind leicht, sie nehmen sich leicht und sind dabei niemals überheblich.

Zur Leutseligkeit gibt es eine schöne Anekdote. Junge Priester fragten den ehemaligen Bischof Anton Hofmann von Passau, was denn das Wichtigste sei für ihr Amt. »Ihr müsst die Menschen mögen«, antwortete er. Wer die Menschen, die Leute mag, ist leutselig. Er ist selig, wenn Menschen, Leute da sind. Er hat eine positive Einstellung zu allen Menschen.

Der heilige Benedikt gab uns außerdem noch ein drittes Wortpaar mit: kurz und verständlich. Wir sollten uns immer bemühen, uns kurz zu fassen und verständlich zu sein, meinte er. Ob uns das in diesem Buch gelingt, wissen wir nicht, aber wir bemühen uns darum.

Hier noch einmal zur Erinnerung alle drei Kommunikationsregeln der elften Sprosse. Seien wir …

… beschwingt, aber nicht überheblich,
leutselig und würdevoll,
kurz und verständlich.

Die Pflanze der geglückten und liebevollen Kommunikation

Mutter Natur schenkte uns als Botschafterin für geglückte und liebevolle Kommunikation die Rosskastanie. Der große Baum mit seinem dichten Blätterdach strahlt Wärme und Güte aus. Aus der Signatur der Kastanien und der Kastanienblätter können wir den Fokus auf das Wesentliche ablesen. Als Heilpflanze lindert sie Venenleiden, geschwollene Füße oder etwa Krampfadern. Sie hilft uns also immer dann, wenn wir Probleme haben, kraftvoll im Hier und Jetzt zu stehen. Wenn wir uns standfest im Augenblick verankern, können wir besser zuhören, uns verständlicher ausdrücken und unserem Gegenüber einfühlsam und offen begegnen.

Die zwölfte Sprosse:
Die Menschwerdung

Erleuchtung heißt: Das Göttliche in der Welt zum Ausdruck bringen. Besonders poetisch drückt das ein Vers aus dem Johannesevangelium aus: *Et verbum caro factum est* – Und das Wort ist Fleisch geworden. Das göttliche, das heilige Wort ist Fleisch geworden. Die göttliche Vernunft hat sich manifestiert. Das ist der Weg, den wir gehen.

Buddhisten beschreiben es so: Das Göttliche in mir ist meine Buddha-Natur. Sie ist die weiseste, edelste Version meiner selbst. Bei den Hindus steht *Atman* für den göttlichen Atem in uns. *Atman* ist das unzerstörbare, das höhere Selbst. Wir nennen es auch Seele. Der Apostel Paulus sagte: *Ich lebe, aber nicht ich, Christus lebt in mir.* Das ist die christliche Version einer Haltung, die wir in allen Traditionen finden.

Das Göttliche lebt bereits in uns. Wir sind bereits göttlich.

Ist es nicht wunderschön, dass es dieses Bild und diese Auffassung auf der ganzen Welt in den unterschiedlichen Kulturen und Religionen gibt?

Menschwerdung bedeutet auch das: ganz am Boden zu sein, ganz da zu sein. Ein guter Mensch zu sein.

Die Pflanze der obersten Sprosse

Die oberste Sprosse begegnet uns in unscheinbarer Form am Wegesrand, als Gänseblümchen. Es dient allen missbrauchten, unterdrückten, zu Grunde gerichteten Menschen und richtet sie wieder auf. Ein kleines Blümchen hat die größte Kraft. Für uns steht das Gänseblümchen als Symbol für die gesamte benediktinische Leiter. Es ist ganz klein, fast unsichtbar, und hat doch tausend Strahlen wie eine kleine Sonne. Die große Sonne spiegelt sich in der kleinen. So wie sich das große Geheimnis in uns spiegelt.

Am Gipfel

Es geht nicht ums Ankommen, das haben wir bereits festgestellt. Es geht um die Bewegung. Der heilige Benedikt sagt: Wenn wir den Weg gehen, kommen wir aus der Angst heraus und finden Liebe. Das Gute wird erst dann wirklich gut, wenn es wie selbstverständlich zur Gewohnheit geworden ist. Wir freuen uns an der Tugend und am guten, dem liebevollen Leben.

> *Tugend ist das Gute, das zur Gewohnheit geworden ist.*

Wenn wir nur ab und zu etwas Gutes tun für andere, ist das schön und wünschenswert. Aber es ist uns noch nicht in Fleisch und Blut übergegangen. Es ist noch keine Tugend. Erst wenn es uns schon gar nicht mehr auffällt, dass wir anderen helfen und sie zuvorkommend behandeln, können wir von Tugend sprechen. Diesen Prozess der Menschwerdung offenbart uns der Geist Gottes. Gott zeigt uns den Weg.

> *Wir bemühen uns, gute Menschen zu sein, und tun dabei gleichzeitig etwas für uns. Werden wir demütig in all den Punkten, die uns die Leiter zeigt, brauchen wir uns vor nichts mehr zu fürchten.*

Wir können transparent sein und brauchen uns nicht mehr zu verstecken. Wir machen uns keine Sorgen mehr, was andere über uns denken. Unsere Tugend befreit uns von unserer Angst.

Das ist eine Vision für unsere gesamte Gesellschaft. Eine demütige, eine barmherzige Gesellschaft ist befreit von Angst. Leider ist unsere aktuelle Machtgesellschaft so angstgetrieben wie nie zuvor. Unser größtes Leiden ist heute die Angst. Aber Jesus sagte: *Fürchtet euch nicht!* Ganz in diesem Sinne handeln wir, wenn wir uns von allen schlechten Verhaltensmustern befreien und uns jeden Tag bemühen, gute Menschen zu sein. Wenn wir echte Demut leben und Gott vertrauen, finden wir Frieden und unsere Angst löst sich in Luft auf.

Kapitel vier
NATUR UND SEELE

Auf unserer spirituellen Reise wird uns immer klarer, dass es um unsere Beziehung zum großen Ganzen geht. Diese Beziehung können wir rational nicht verstehen. Wir müssen sie erleben und fühlen. Das nennen wir Spiritualität.

Nicht nur bei uns Menschen, auch in der gesamten uns umgebenden Natur geht es um die Beziehung zwischen den einzelnen Teilchen und dem Allumfassenden. Das nennen wir Ökologie. In unserem Geist und in der Natur zählt der große Zusammenhang, die Beziehung. Deshalb sind Spiritualität und Ökologie Schwestern.

> *Es geht in einem Menschenleben letztendlich darum, dem großen Ganzen, dem Welthaushalt, freudig zu dienen. Dieser Haushalt ist das Göttliche.*

Gehen wir der Sache auf den Grund und schauen wir uns dazu das Wort »Ökologie« etwas genauer an. Die Vorsilbe »Öko« stammt vom altgriechischen *oikos*. Der zweite Teil des Wortes, »logie«, stammt von *logos*.

Der *oikos* war im antiken Griechenland und vor allem im alten Rom das Haus oder die Hausgemeinschaft, die den Lebensmittelpunkt und Lebensraum der Menschen bildete. In so einem Haushalt gibt es neben allem Sichtbaren auch noch den *logos*. Das ist der Geist, der Sinn oder das Wort, oder das Herz, das Gemüt, das Zentrum. Wenn wir es nur mit »Vernunft« übersetzen, treffen wir nur einen wichtigen Teilaspekt.

Dieses Bild können wir auf den gesamten Kosmos übertragen. Wenn ein Wort gesprochen wird, wird etwas in der Welt lebendig.

Es geht also wieder um das Hinhören. Wir erinnern uns an die dritte Sprosse der Leiter: Gehorsamkeit bedeutet, Gott und unseren Mitmenschen zuzuhören. Wir hören auf die Inkarnation des Göttlichen. Dafür müssen wir aber wach und empfangsbereit sein.

Wir spüren unser Hineinwachsen in den Kosmos und auch unser Herauswachsen. Wir alle werden in das Ganze geboren und verlassen es eines Tages wieder.

Wir betreten das Haus, den gemeinsamen Haushalt, den *oikos*, und wir reisen nach der uns geschenkten Zeit wieder ab. In der Zwischenzeit können wir dem Welthaushalt freudig dienen.

Was genau das bedeutet, werden wir im nächsten Kapitel noch genauer besprechen. An dieser Stelle sehen wir uns zunächst das Haus an, um das wir uns kümmern wollen. Spiritualität ist in erster Linie eine lebendige Beziehung. Es bedeutet, aufgeweckt zu sein und aufmerksam für die großen Fragen. Was will das Leben von uns? Was will der Kosmos von uns? Gerade die heutige Zeit stellt uns große Fragen und hat große Ansprüche an uns. Es gibt große Probleme, die wir nur gemeinsam lösen können, zum Beispiel den Klimawandel.

Die Ökologie und die Auseinandersetzung mit der Zerstörung unserer Umwelt gehören eng zur Spiritualität. Doch *logos*, die Vernunft, genügt dabei nicht. Wir brauchen noch etwas Drittes. Wir brauchen heilige Weisheit, die *sophia*.

Eine Ökologie ohne Weisheit nimmt selbst Schaden und verursacht Schaden.

Die Weisheit des Herzens

Wenn wir jemanden als weise bezeichnen, meinen wir damit meist, dass er oder sie besonders klug, belesen, gebildet und lebenserfahren ist. Doch es geht bei der heiligen Weisheit nicht nur um den Intellekt, sondern auch um eine Weisheit des Herzens.

Die Wurzeln, vor allem die innere Bedeutung der Worte, sind auch hier hilfreiche Hinweise. Im Begriff »Weisheit« steckt die Weisung. Der Wegweiser. Die Bibel verwendet das Wort »Weisheit« gleichbedeutend mit dem Wort »Gott«. Das kann etwas irreführend sein. Denn Weisheit ist eine Eigenschaft und Gott hat keine Eigenschaften. Er ist, was er ist.

Gott hat nicht die Eigenschaft, gut zu sein, er ist Güte.

Gott hat nicht die Eigenschaft, liebend oder liebevoll zu sein, er ist Liebe.

Gott hat auch nicht die Eigenschaft, weise zu sein, er ist Weisheit.

Es gibt Stellen im Alten Testament, die uns das vor Augen führen. Die Weisheit führte sie aus Ägypten, heißt es beim Auszug des Volkes Israel aus Ägypten und der anschließenden Wüstenwanderung.

Gott ist Weisheit. Weisheit ist Gott. Das eröffnet uns völlig neue Perspektiven. Wir können uns fragen, wohin es uns führt, wenn wir sie im Kosmos entdecken und betrachten, die heilige Weisheit namens sophia.

Für den heiligen Johannes war *logos* die richtige Übersetzung von *sophia*. Er bezieht sich dabei mehr auf die Weisheit Gottes im Alten Testament als auf Platons Logos-Philosophie beziehungsweise die griechische Philosophie im Allgemeinen, für die nur das Erklärbare Teil des Wissens sein kann. Dem heiligen Johannes ging es mehr um die Weisheit des gesamtmenschlichen Empfindens als um die Weisheit der Vernunft oder des Verstehens.

Im Alten Testament, im Buch der Sprichwörter, gibt es ein wunderschönes Bild mit einem ebenso schönen Titel: *Gott umarmt die heilige Weisheit, und diese innige Umarmung bringt das Licht und das Leben in die Welt.*

Die Liebe zur Natur

Die Weisheit ist der Beginn der Inkarnation Gottes. Wir können Gott als Fülle verstehen, die noch nicht zum Ausdruck gekommen ist.

Gott ist das Nichts. Aber er ist kein leeres Nichts. Er ist das schwangere Nichts, das alles in sich trägt.

Manchmal höre ich von einem Menschen: »Ich glaube an nichts!« Und ich antworte ihm dann: »Da ist Ihr Glaube ja schon sehr weit fortgeschritten. Ich brauche immer noch ein Wort, ein Bild oder eine Erfahrung. An das Nichts zu glauben ist der Anfang der Weisheit, denn aus dem Nichts hat Gott alles erschaffen.«

Immer, wenn Gott spricht, nicht nur in Worten, auch in Gedanken, in der Natur, in allen Erfahrungen, beginnt sich alles zu verwirklichen. Die Mutter, der Vater und der Ursprung zeigten sich durch seine Weisheit. Deshalb heißt es in der Bibel: *Der Herr besaß mich am Anfang seines Weges, ehe er etwas machte, vor aller Zeit. Ich war eingesetzt von Ewigkeit.*
Es geht also nicht um das Wissen im Sinne der Ratio, sondern um die Inkarnation des Wissens. Die Fleischwerdung des Wissens. In der Schöpfung. Im Leben. Im Alltag.

Die Ökologie ist die Inkarnation der göttlichen Weisheit. Wenn sie alles geschaffen hat durch Wort, durch Bild, durch Erfahrung, begegnen wir in allem um uns herum der Wirklichkeit Gottes.

Das ist ein ganz anderer Zugang zur Natur und zum Leben als etwa der naturwissenschaftliche oder gar der wirtschaftliche, der nur auf ihre Unterwerfung und Ausbeutung ausgerichtet ist.

Die Natur ist göttliche Weisheit. Wenn wir das sehen, begreifen wir, dass wir mit unserer Umwelt gerecht umgehen müssen.

Es gibt also zwei große Zusammenhänge zwischen Spiritualität und Ökologie. Alles ist durch die Weisheit Gottes entstanden und damit göttlich. Daraus ergibt sich die Ehrfurcht, die wir vor der Schöpfung haben sollen. Oder nennen wir es lieber Respekt. Denn Ehrfurcht ist ein im Deutschen unbeliebt gewordenes Wort. Es klingt nach Angst, dabei bedeutet Ehrfurcht etwas ganz anderes.

Ehrfurcht ist ein Aspekt der Liebe. Wenn wir jemanden lieben, behandeln wir diesen Menschen ganz besonders ehrfürchtig. Diese Ehrfurcht schulden wir allem, was existiert.

Wir sollten allem auf Gottes Erde mit liebevoller Ehrfurcht begegnen. Jedem Menschen, jedem Tier, jeder Pflanze, all unseren äußeren und inneren Erfahrungen.

Die Weisheit ist der Lebensatem des Geistes. Deshalb sind die drei Elemente Weisheit, Geist und Vernunft in der Sprache des Neuen Testaments gleichbedeutend.

Ehrfurcht vor der Schöpfung

Fleisch verwest, weil es für sich allein keinen Lebensatem hat. Wenn im Neuen Testament von Fleisch die Rede ist, meinen die Autoren immer das Vergängliche. Wir sollten immer das Vergängliche bedenken.

Alles ist vergänglich. Wir selbst und unser Körper. Deshalb schulden wir dem Lebensatem in allen Lebewesen unsere größte Ehrfurcht.

Aber wie geht das? Wir werden oft gefragt: Wie machen wir denn das? Wie werden wir ehrfürchtig?

Ein guter Freund von uns, der Biologe und Psychologe Josef Schönberger, schrieb ein schönes Buch über die Wiederentdeckung des Respekts. Wahrer Respekt bedeute, jemandem Achtung entgegenzubringen und achtsam mit anderen umzugehen, schrieb er. Das heißt nicht: Strammstehen und salutieren. Es heißt auch nicht: Ich respektiere dich erst, wenn du etwas geleistet hast. Es geht nicht um die Anerkennung einer Leistung. Wir schulden den Menschen Ehrfurcht und Respekt, einfach weil sie Menschen sind. Nicht, weil sie gute Menschen sind. Auch schlechte Menschen verdienen unseren Respekt.

Das wunderschöne Wort Respekt birgt wahre Schätze. Wörtlich übersetzt heißt es Rücksicht. Dazu ein einfaches Bild: Rücksicht üben wir, wenn wir die Tür hinter uns schließen und zuvor noch schauen, ob jemand nachkommt. Rücksicht heißt, anderen nicht die Tür vor der Nase zuzuknallen.

Rücksicht heißt aber nach unserem Freund Josef Schönberger auch, dass wir auf die Geschichte eines Menschen zurückschauen sollten. Wenn wir die Geschichte unseres Gegenübers kennen, fällt es uns leichter, ihn oder sie zu respektieren, weil wir nur so verstehen, warum er oder sie tickt, wie er oder sie eben tickt.

> *Jemanden zu kennen, kennenzulernen, ist die Voraussetzung für Respekt und Liebe. Wir sollten uns darin üben, uns im Umgang mit anderen Menschen immer zu fragen: Woher kommt dieser Mensch? Aus welcher Kultur? Unter welchen Umständen ist er aufgewachsen? Was hat ihn geformt? Was hat dieser Mensch erlebt? Was ist sein Ursprung? Wo begegnen wir uns, jetzt, in diesem Moment? Was macht er zur Zeit in seinem Leben durch?*

Respekt bedeutet in diesem Sinne vor allem Einfühlsamkeit und liebevolle Zuwendung. Respekt ist Liebe.

Ist Kommunikation nicht getragen von Ehrfurcht und Respekt, wird sie oberflächlich und bricht irgendwann ab. Genauso, wie wir anderen Menschen am besten begegnen, sollten wir auch der Natur und der gesamten Schöpfung begegnen. Wir sollten zurückschauen. Dann erkennen wir den gemeinsamen Ursprung, den alles hat. Wir teilen den gleichen Ursprung, entspringen der gleichen Quelle wie der Regenwurm. Das wissen wir schon lange, aber heute können wir es auch wissenschaftlich beweisen. Ist das nicht schön?

Früher haben wir Menschen gesagt: Wir sind alle Kinder Gottes, auch Regenwürmer und Heuschrecken, aber wir sind mehr Kinder Gottes als der Regenwurm. Heute wissen wir, wie überheblich das war. Der Regenwurm ist genauso ein Kind Gottes wie der Mensch. Wir sind alle verwandt.

Neben der Weisheit und dem Respekt gibt es noch ein drittes spirituelles Urprinzip der Natur: die Balance. Das lateinische Wort *discretio* steht für maßvolles Unterscheiden, für das Erkennen des gesunden Maßes.

In der monastischen Tradition steht die *discretio* für die Anwendung des richtigen Maßes in einer Situation, unter Berücksichtigung des Gegenübers mit all seinen Eigenheiten.

Auch die Umwelt ist unser Gegenüber, das wir verstehen und dem wir respektvoll begegnen müssen. Jede Pflanze und jedes Wesen auf diesem Planeten hat es verdient, mit Respekt behandelt zu werden. Ohne Maß und Balance ist es uns nicht möglich, mit Weisheit zu lernen und zu handeln.

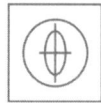

Die Sünde der Verschwendung

Wir haben uns als Gesellschaft verirrt. Wir haben von grenzenlosem Wachstum geträumt und damit die erneuerbaren Quellen unserer Welt an ihre Grenzen gebracht. Wir haben die Natur, zu der wir selbst gehören, vollkommen missachtet. Wir waren maßlos.

Sonne und Wind sind ungeheuer ergiebige Ressourcen, die wir lange nicht beachtet haben. Gleichzeitig haben wir Energie auf die einfachste und bequemste Weise gewonnen und dabei unserem Planeten immensen Schaden zugefügt.

Die Natur ist reich, voll und fruchtbar. Sie gibt uns alles, was wir brauchen. Aber hinschauen müssen wir schon. Wenn wir blind sind für die wahren Schätze der Natur, sind wir selber schuld.

Vor dieser Blindheit sind auch wir Geistlichen nicht gefeit. Vor einigen Jahren zum Beispiel hatte einer von uns beiden, Johannes, mit einer hartnäckigen Borreliose zu kämpfen und war bereits ziemlich verzweifelt. Ich wandte mich an meine naturkundigen Freunde, die ich gerne scherzhaft und liebevoll meine Hexenfreunde nenne. Sie verrieten mir, die Wurzel der wilden Karde sei gut zur Behandlung der Borreliose geeignet.

Wilde Karde? In meinem ganzen Leben hatte ich noch nie von dieser Pflanze gehört. Meine Freunde zeigten mir ein Foto und ich war tief beeindruckt und erschrocken. Die Karde war das Unkraut, das seit zwei Jahren massenhaft rund um das Hildegardzentrum unseres Klosters wucherte. Immer wieder hatte ich meine Brüder gebeten, diese, wie ich sie nannte, »hässlichen Disteln« endlich auszureißen und dem ganzen scheinbar nutzlosen Kraut ein für alle Mal den Garaus zu machen. Genau das, was ich/wir so dringend gebraucht hatten, hatte ich verachtet und mit Füßen getreten. Um mich zu entschuldigen und mich mit ihr zu versöhnen, habe ich ihr angeboten, mitten in unserem Kreuzganggarten an der prominentesten Stelle zu stehen und zu wachsen. Tatsächlich hat eine Karde diese Bitte und dieses Angebot angenommen und entwickelte sich zu einer zweieinhalb Meter hohen Prachtpflanze. Wir haben uns täglich über sie gefreut und sie hat nicht nur mich, sondern viele Menschen geheilt.

Genauso machen wir es mit unserer Luft, unserem Wasser, unseren Wäldern, dem Klima und unserer ganzen Erde. Wir treten unsere Lebensgrundlage mit Füßen, weil wir sie nicht kennen und anerkennen und ehren. Wir vergiften sie.

Oscars Gespür für den Tod

Seit diesem im besten Sinne demütigenden Erlebnis wuchert die Karde bei uns fröhlich und ungestört vom Kloster bis zur Kapelle. Wir respektieren, lieben und ehren sie.

Sophia, die göttliche Weisheit, ist der gesamten Schöpfung eingegeben. Wir Menschen haben kein Monopol auf diese Weisheit. Tiere haben sie ebenfalls. Sie fressen genau das Kraut, das ihnen gerade hilft. Wir Menschen haben diese Fähigkeit scheinbar verloren. Hier gibt es aber eine gute Nachricht: Wir können sie wieder erlangen. Wir können uns rückbesinnen. Tiere können dabei unsere Lehrmeister sein. Die folgende, international bekannt gewordene Geschichte belegt ihre erstaunliche Intuition.

Darin geht es um einen Kater namens Oscar, der in einem amerikanischen Altenheim wohnte. Als ausgebildete Therapiekatze ließ er sich gerne von den Bewohnerinnen und Bewohnern streicheln und das Pflegepersonal versorgte ihn mit Leckerlis. Irgendwann fiel den Pflegerinnen ein ungewöhnliches Verhalten des Tieres auf. Oscar wählte scheinbar planlos Zimmer, in die er schlich, um dort eine ganze Weile zu bleiben. Bald war allen klar: Oscar suchte immer genau jene alten Menschen auf, die an der Schwelle zwischen Leben und Tod angekommen waren. Wenn der Kater sich zu einem der Bewohner ins Bett kuschelte, wussten alle, dass dieser Mensch in den folgenden 24 Stunden seinen letzten Weg antreten würde.

Doch einmal war es anders. Mit einer alten Dame schien es zu Ende zu gehen, sie wurde schwächer und schwächer und dämmerte nur noch so vor sich hin. Alle wunderten sich, wo Oscar blieb, doch er ließ sich nicht blicken. Wieder lag er richtig. Die alte Dame lebte noch viele Wochen. Erst als ihre Zeit gekommen war, schlich der weiß gescheckte Kater in ihr Zimmer und schmiegte sich liebevoll und schnurrend an die Sterbende. Hoffentlich hat er ihr den Abschied damit ein wenig erleichtert.

Wir Menschen neigen dazu, alles ergründen und analysieren zu wollen, doch leider hat Oscar niemals erhellende Interviews gegeben. Bis heute können sich auch Experten dieses besondere Gespür des Katers nicht erklären. Ob Oscar am Geruch der Menschen ihren Tod ablesen konnte, oder ob er seine Schlüsse aus dem Umstand zog, dass sie sich besonders wenig und schwach bewegten? Vielleicht werden wir es nie erfahren, aber vielleicht soll uns diese Geschichte auch nur daran erinnern, unserer Intuition und unserem sechsten Sinn mehr zu vertrauen. Die Tiere machen es uns vor. Die Natur ist bereit.

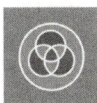

Ihm reicht es

Gott hat in den alten Versionen der Bibel viele verschiedene Namen. Es gibt allerdings einen, der uns besonders heute zu denken geben sollte: *El Shaddai*. In der deutschen Version des Heiligen Buches ist dieser Name nicht übersetzt, doch einige Rabbis haben es trotzdem versucht: *Der, der zur Welt sagt, es ist genug.* Dai ist das hebräische Wort für »genug« oder »ausreichend«.

Als Gott die Erde formte, hielt er irgendwann inne und verhinderte so, dass die Schöpfung ihre Perfektion, ihre Vollendung erreichte. Der Name steht also für Gottes Kraft, den Prozess der Weltentstehung zu kontrollieren und zu unterbrechen. Für uns bedeutet dieser Name auch: Gott ist derjenige, der uns Grenzen setzt.

An einer anderen Stelle der Bibel heißt es übrigens auch: Die Weisheit setzt die Grenzen. Da Gott und die Weisheit in der Bibel bedeutungsgleich sind, können wir davon ausgehen, dass die Deutung der Rabbis ganz richtig ist.

Achtsame Ökologie und Spiritualität zu verbinden ist also auch so gesehen keine Spinnerei, die wir uns ausgedacht haben, weil sie uns in den Kram passt.

Umweltschutz ist fest verwurzelt in der christlichen Spiritualität und auch in einer ganz allgemeinen, menschlichen, tiefen Spiritualität aller Glaubensrichtungen. Wir müssen die Grenze erfahren. Es gibt kein unbegrenztes Wachstum und keine unbegrenzten Ressourcen.

Unbegrenztes Wachstum wäre letzten Endes tödlich. Die Bibel enthält damit einen entscheidenden praktischen Hinweis, der hineinreicht bis in unsere heutige Zeit. Immer, wenn uns im Radio, im Fernsehen, in den Zeitungen oder im Internet das Wort »Wachstum« begegnet, sollten wir skeptisch sein und uns fragen: Warum sollen wir weiterwachsen?

Bezogen auf unseren Körper gibt es unbegrenztes Wachstum zum Beispiel in Form eines Krebsgeschwürs, das aber wenn es unbehandelt weiterwächst, zum Tod führt. Das sollte uns als Warnung dienen. Wir sollten von Gesundheit sprechen, nicht von Wachstum. Gesundheit für alle sollte unser Ziel sein, nicht andauerndes Wachsen.

Unbegrenztes Wachstum ist Krebs. Es ist wie eine Krebserkrankung und wir leiden alle darunter.

Die Natur hat vier Jahreszeiten. Wir erleben, wie sie wächst, und auch, wie sie begrenzt ist. Wachstum und Begrenzung. Ein ewiges Gesetz, das wir nicht verletzen dürfen.

Gäbe es die Begrenzung nicht, gäbe es auch kein Wachstum. Wenn es keinen Winter gäbe, gäbe es keinen Frühling. Wir brauchen dieses Werden und Vergehen, diesen Prozess und damit auch die Erfahrung von Grenzen.

An dieser Stelle wollen wir an »Die Grenzen des Wachstums« erinnern. Das Buch, das der Expertenrat Club of Rome vor mehr als fünfzig Jahren veröffentlichte. Die Wissenschaftler sahen damals schon alles voraus, was wir heute in Form der Klimaveränderung erleben müssen.

Wenn wir glauben, unbegrenztes Wachstum sei möglich, werden wir das Leben töten.

Eine große Weisheit, die wir aus der Spiritualität der Regel des heiligen Benedikt ziehen können, ist der Satz:
»Reduktion ist die Voraussetzung für Gewinn.«
Das gilt für alle Lebensbereiche. Beständige Maximierung, immer größere Erfolge usw. führen letztlich zu den größten Verlusten. Deshalb empfiehlt der heilige Benedikt seinen Mönchen auch regelmäßig zu fasten, nicht nur mit dem Essen, sondern in allen Lebensbereichen.
Im Frühling freuen wir uns auf den Sommer. Es wird langsam wärmer und wir müssen uns nicht mehr so dick anziehen, wenn wir spazieren gehen. Das ist ein schönes, ein gesegnetes Gefühl. Aber stellen wir uns vor, es wird wärmer und wärmer. Es hört einfach nicht auf, immer wärmer zu werden. Das wäre verheerend. Zum Glück kommt irgendwann der Herbst. Erde und Wasser kühlen langsam wieder ab. Alles wird ruhiger und stiller. Alles rastet und so muss es sein. Alles muss irgendwann aufhören, sonst gibt es keine Heilung. Statt dem Mehr und Mehr brauchen wir Balance.

Teilen und Heilen

Ein Grundprinzip der Ökologie lautet: Füge kein Leid zu. Buddha nannte diese Haltung Mitleid. Wir sollten mit-leiden und uns auch mit-freuen. Wir sollten mit-fühlend sein.

Unsere Umwelt ist nicht nur eine Welt, die uns umgibt. Sie ist nicht getrennt von uns, sondern wir existieren mit ihr und in ihr. Das Feuer, die Luft, die Erde, das Wasser und wir, alles ist eins. Ein besseres Wort als »Um-Welt« wäre deshalb vielleicht »Mit-Welt«. Unsere Einstellung zu unseren »Mit-Menschen« ist zugleich auch unsere Einstellung zu unserer »Mit-Welt«.

Sie umgibt uns nicht nur, sondern wir gehören ihr an. Wenn wir die richtige Einstellung zu unseren Mitmenschen haben, haben wir auch die richtige Einstellung zu dieser Mitwelt, zu der ganzen Natur und zu allem, dem wir angehören. Wenn wir mit allem mitfühlen können, mit allem, was existiert, und mit allem, was lebt, mit den Menschen, mit den Tieren, mit den Pflanzen, mit dem Kosmos, dann ist dies die ökologische Grundhaltung des Mitleids. Dann leben wir nach dem Prinzip: Füge kein Leid zu.

Wenn wir sehen, dass ein Tier leidet, wenn wir es wirklich nah genug sehen, dann leiden wir mit. Das ist eine ganz spontane und instinktive Reaktion. Eine menschliche Reaktion. Wir fühlen mit. Doch wir sehen nicht die Schlachthöfe und was die Tiere dort erleben müssen. Wir wollen es nicht sehen. Wir wollen auch die Tiergefängnisse nicht sehen, diese riesigen Hühnerställe voll winziger Käfige, in denen die armen Tiere ihre Körner von einem laufenden Band picken müssen, während sie hinten ihre Eier auf ein laufendes Band legen. Sie können sich gar nicht bewegen, es ist entsetzlich.

Es gehört zur Spiritualität, mit offenen Augen durch die Welt zu gehen. Wenn wir uns dem aussetzen, beginnen wir, darüber nachzudenken, ziehen die Konsequenzen und kaufen solche Eier nicht mehr. Wir hören auf, uns vom Leid der Tiere zu ernähren. Wenn wir sehen, was wir den Tieren Tag für Tag antun, fühlen wir endlich mit.

Halten wir an dieser Stelle einen Moment inne und fragen wir uns, wie wir spirituell ökologisch handeln können. Wie geht das? Wie schaffen wir das?

In unserer geistigen Einkehr, im Gebet oder der Mediation sind uns zwei Worte begegnet, die uns die heilige Weisheit eingibt und die ein goldenes Prinzip darstellen: Teilen und Heilen.

Spirituelles, ökologisches Denken und Handeln bedeutet, zu teilen und zu heilen. Denn die Schöpfung ist das Geschenk, das wir täglich empfangen.

Die Natur und das ganze Leben haben diese zwei großen Ziele. Daran müssen wir glauben und dem müssen wir vertrauen. Das apostolische Glaubensbekenntnis lautet:

Ich glaube an Gott, den Vater, den Allmächtigen,
den Schöpfer des Himmels und der Erde,
und an Jesus Christus, seinen eingeborenen Sohn, unsern Herrn,
empfangen durch den Heiligen Geist,
geboren von der Jungfrau Maria,

gelitten unter Pontius Pilatus,
gekreuzigt, gestorben und begraben,
hinabgestiegen in das Reich des Todes,
am dritten Tage auferstanden von den Toten,
aufgefahren in den Himmel.
Er sitzt zur Rechten Gottes, des allmächtigen Vaters.
Von dort wird er kommen, zu richten die Lebenden und die Toten.
Ich glaube an den Heiligen Geist,
die heilige katholische Kirche,
Gemeinschaft der Heiligen,
Vergebung der Sünden,
Auferstehung der Toten
und das ewige Leben.
Amen.

Dieses kurze Credo zeigt, dass Gott der Schöpfer allen Lebens ist und dass wir dieses Leben schützen sollen. Wir sollen teilen und heilen. Nicht nur aus altruistischen, sondern auch aus egoistischen Gründen, denn im Teilen und im Heilen entwickelt sich unser Selbst im Großen und Ganzen der Schöpfung und der Erde.

Leben und Tod

Das Teilen ist zentral für die Gemeinschaft, für jede Gesellschaft, auch für die gesamte Schöpfung. Ursprünglich gab es das gemeinsame Mahl, die Kommunion, die immer mit der

Speisung der Armen, im Teilen mit allen verbunden war. Jesus ging es um eine Gemeinschaft der Heiligen und den Nachlass der Sünden. Das war seine Haupttätigkeit. Er aß gemeinsam mit Menschen, die ohne ihn niemals gemeinsam gegessen hätten. Damit zerschlug er alle damaligen Regeln der Etikette, wer mit wem essen durfte und wer mit wem nicht essen durfte, wer rein und wer unrein war.

Jesus aß mit allen. Er teilte und dadurch heilte er. Wenn wir die unsichtbaren Grenzen zwischen uns überbrücken, heilen wir uns gegenseitig und wir heilen auch uns selbst. Das zeigte er uns damit.

Dieses uralte Prinzip ist älter als Jesus, es ist so alt wie die Menschheit. Sobald wir gemeinsam leben und miteinander unser Essen und unsere Erfahrungen teilen, kommt ein Heilungsprozess in Gang.

In manchen menschlichen Beziehungen ist das ganz offensichtlich. Zwischen Ärzten und Patienten zum Beispiel entsteht ein Vertrauensverhältnis. In dieser Beziehung heilen Ärzte und ihre Patienten. Aber auch in anderen Konstellationen, in Familien, Freundschaften und allen Arten menschlicher Gruppen müssen wir daran denken, wie wichtig das Teilen ist. Wenn wir das vergessen, werden wir nicht gesund, leidet der Heilungsprozess.

Das Wunder, das wir tagtäglich erleben, besteht darin, dass sich uns die Schöpfung unentwegt mit Heilmitteln mitteilt. Von morgens bis abends, ob wir wollen oder nicht. Sie schenkt uns Heilung. Wir müssen nur hinsehen.

Ein Geschenk des Himmels sind die Luft und der in ihr enthaltene Sauerstoff. Vielleicht sagt ein deprimierter Mensch, ich will das nicht mehr. Ich lehne dieses Geschenk ab. Aber irgendwann geht ihm die Luft aus und er muss ganz einfach weiteratmen. Er schnappt nach Luft und vielleicht merkt er in diesem Moment, was für ein unglaublicher Segen diese Luft ist.

Ununterbrochen stellt uns die Schöpfung aus ihrem Reichtum Lebens- und Heilmittel zur Verfügung. Das kann uns mit Dankbarkeit erfüllen. Es bedeutet aber gleichzeitig Verantwortung.

Die Schöpfung beschenkt uns und ist damit ein Vorbild für uns. Auch wir können schenken, teilen. Dies nicht nur im wortwörtlichen Sinne, indem wir sagen, wir haben einen ganzen Apfel und geben unserem Freund einen halben. Denn nicht nur Materielles können wir teilen.

Wir teilen auch, indem wir einfach da sind. Wenn wir für andere da sind, teilen wir unser größtes Geschenk, unser Leben, mit ihnen.

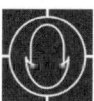

Männer können bemuttern

Wir haben ein Bild gesucht, das dieses ökologische Prinzip des Teilens und Heilens verdeutlicht, und dafür gründlich nachgedacht. Schließlich war es uns ganz klar. Die Verkörperung dieses ewigen Prinzips ist die Schwangerschaft.

Es ist ein unglaubliches Geschenk der Schöpfung, dass Leben entsteht und Raum mit diesem neuen Leben geteilt wird. Neues Leben entsteht im Mutterleib. Mit all seinen Möglichkeiten und seinem Reichtum und mit seinen Einschränkungen und Grenzen.

Auch der Kosmos ist ein Mutterleib. Er ist ständig in Bewegung und ununterbrochen entsteht in ihm neues Leben. Es wächst und wird geboren. Es wird weitergegeben und vergeht. Das Leben vervielfältigt sich. Dadurch wird das Leben gefördert. Die heilige Weisheit kommt in die Welt durch einen andauernden Geburtsvorgang der Schöpfung in uns.

Leben schenken, das können nicht nur Frauen. Vielleicht können sie es etwas besser oder es fällt ihnen leichter. Aber auch Männer können es, auf etwas andere Weise. Denn neues Leben muss bemuttert werden und auch Freunde müssen wir bemuttern. Wenn wir echte Freunde sind, sind wir wie eine Mutter ihres wahren Selbst. Wir bemuttern dieses wahre Selbst und erwecken es damit zum Leben.

Wenn wir geboren werden, ist das eigentlich unser Tod. Wir verlassen den Schoß des Kosmos und treten ein in eine neue Wirklichkeit. Wir werden in eine neue, andere, menschliche Beziehung hineingeboren. Führen wir diesen Gedanken weiter, ist unser Sterben eigentlich so etwas wie eine Geburt. Wir kehren zurück in den Mutterschoß und damit ins Paradies.

All unsere menschlichen Vorstellungen des Paradieses haben eines gemeinsam: Im Paradies sind wir eingebettet. Wir haben alles, was wir brauchen. Es ist wohlig warm und alles ist, wie es sein soll. Nichts stört unseren Frieden, all unsere Bedürfnisse sind befriedigt. Der Tod ist eine Rückkehr in dieses sorgenfreie Reich.

Zurück zur kosmischen Ordnung

Wir haben nun das ewige Prinzip des Kosmos kennengelernt. Teilen und heilen. Aber wie wir Menschen so sind, fällt uns das Teilen manchmal alles andere als leicht. Wie können wir Kindern vermitteln, großzügig und sorgfältig mit den Schätzen der Natur umzugehen? Wir können Kinder nur lehren, indem wir ihnen ein Beispiel geben. Wir müssen es ihnen vorleben. Alles, was wir selbst tun, kann ihnen helfen, eine gute Einstellung zu bekommen.

Das Lernen hört nie auf. Wie können wir als Erwachsene Mitgefühl und Einfühlungsvermögen erlernen und Zeit unseres Lebens kultivieren? Wir haben in diesem Buch bereits die inspirierende Wirkung leuchtender Beispiele erwähnt. Sie können auch uns das Teilen und Heilen lehren und wir sollten uns bemühen, selbst Vorbilder zu sein. Doch wie leben wir dieses Teilen und Heilen in unserem Alltag?

Unser Ich und unser Selbst und die Unterscheidung zwischen beiden sind dabei eine Hilfe.

Das Ich ist unsere Rolle, die wir in der Welt spielen. Wir können es, wie von außen, beobachten. Wer ist dann dieser Beobachter in uns? Das ist unser wahres Selbst. Unser wahres und weises Selbst kann uns beobachten. Dank ihm können wir uns dabei zuschauen, wie wir unsere Rolle als Mensch spielen, und uns immer wieder fragen, ob wir es gerade gut oder weniger gut machen.

*Das Ich ist in der Zeit. Das Selbst ist der Beobachter,
der uns beobachtet, aber selbst nicht beobachtet werden kann.*

Dieses Selbst ist der Teil in uns, den wir mit allen anderen Menschen gemeinsam haben. Es ist unser göttliches Selbst. Gott ist es nicht, es ist die Christus-Wirklichkeit in uns, sagen die Mystiker. Bei den Buddhisten heißt dieses göttliche Selbst Buddha-Natur, bei den Hinduisten heißt es *Atman*.

Dieses Selbst existiert in allen großen Traditionen und es ist das Selbst der ganzen Schöpfung. Es ist die Lebenskraft, die heilt und teilt. Wir haben also die Fähigkeit zu teilen und zu heilen schon längst in uns.

Tiere haben eine direkte Verbindung zu dieser weisen, ewigen, kosmischen Kraft. Deshalb wissen sie instinktiv, wie sie sich heilen können. Deshalb teilen sie miteinander. Dieses Urwissen gibt ihnen den rechten Platz innerhalb der Schöpfung.

Auch wenn ein Tier das andere auffrisst, gehört das zu dieser göttlichen Ordnung. Wir Menschen essen auch Tiere und Pflanzen, das ist grundsätzlich in Ordnung, so sind wir geschaffen. Nur haben wir uns bei unserem Fleischkonsum vergaloppiert. Auch bei unserer Nutzung der Natur sind wir weit über das Ziel hinausgeschossen.

Alles, was wir tun müssen, um wieder Balance und Ordnung in den Kosmos zu bringen, ist, aus unserem wahren Selbst zu leben. Wir spüren genau, wenn wir zu viel konsumieren. Wir wissen genau, was es unserem Planeten antut, wenn wir ihn ausbeuten, beschmutzen und zerstören.

Leben wir aus unserem Selbst, dann fließt das Teilen und Heilen einfach ohne Anstrengung durch uns hindurch. Wir brauchen gar nicht weiter darüber nachdenken. Wir tun es einfach. Wir sind für andere da und wir tun keinem Wesen mehr Leid an.

Solange wir im kleinen Ich, im engstirnigen Ego sind, müssen wir uns mühsam ständig selbst fragen: Habe ich genug geteilt oder war ich raffgierig? War ich für meinen Freund wirklich da oder habe ich ihn im Stich gelassen, als er mich brauchte? Wie kann ich mich endlich wieder besser fühlen? Vielleicht bin ich doch richtig krank?

Wir alle kennen die ermüdenden Gedankenschleifen dieses kleingeistigen Egos, das sich permanent im Kreis und immer nur um sich selbst dreht. Nur das wahre Selbst kann aus diesem Hamsterrad der Selbstfixierung ausbrechen.

Wie kommen wir zurück zum wahren Selbst?

Die Antwort kennen wir schon, sie ist einfach, ihr zu folgen ist etwas schwieriger. Wir müssen im Jetzt leben. Das Selbst lebt im Jetzt. In dem Ausmaß, in dem wir im Jetzt leben, leben wir aus dem Selbst.

Machen wir uns Sorgen über die Zukunft oder bedauern wir die Vergangenheit, dann haben wir uns wieder einmal mit unserem Ich identifiziert und unser wahres Selbst aus den Augen verloren.

Unser Ich hat dennoch seine Daseinsberechtigung. Wir brauchen es. Ohne das Ich könnten wir gar nicht hier sein. Es ist die Form, in der wir uns der Welt zeigen und in der wir mit der Welt interagieren. Nur dürfen wir uns nicht mit diesem Ich identifizieren.

Alle spirituellen Übungen dienen letztendlich dazu, ins Jetzt zu kommen. Wir beten, meditieren oder machen Yoga, um im Jetzt anzukommen und eine Verbindung zu unserem wahren Selbst herzustellen. Aber komplizierte Yoga-Verrenkungen müssen gar nicht sein, auch wenn sie vielleicht für den Körper ihre Vorteile haben. Es geht viel einfacher, auch das wissen wir bereits. Wir müssen dankbar sein. Wir können still dasitzen und uns bedanken, und schon sind wir ganz da.

Kosmische Party

Nach all den philosophischen Überlegungen und der stillen Einkehr wollen wir noch ein kleines Geheimnis lüften. Eine weitere Möglichkeit, das wahre Selbst in die Welt zu bringen, und zwar eine, die auch noch Spaß macht: Feste feiern, Partys schmeißen und tanzen. Nein, das ist kein Scherz.

Die ganze Schöpfung ist ein einziges Fest, Tag und Nacht. Wenn wir es verstehen, wirklich zu feiern, sind wir auf dem besten Weg, ökologische Prinzipien zu beachten.

Die meisten Menschen feiern gerne echte Feste. Es müssen keine großen sein, aber wir müssen sie von Herzen feiern. Auch ganz kleine Feste im Familienkreis transportieren uns ganz simpel und fröhlich ins Jetzt.

Zu einem guten Fest gehört auch der Tanz. Auch er lässt sich nur im Hier und Jetzt ausführen. Dabei über uns selbst nachzudenken und sinnlos zu sinnieren ist unmöglich.

Wir tanzen. Wir singen. Wir spielen. Wir lachen. Wir essen gemeinsam. Wir sind im Jetzt. Wir sind angekommen.

Wie Jesus beim Essen die verschiedenen verfeindeten Gruppen zusammenbrachte, haben wir schon besprochen. Aber auch das Essen an sich ist eine Erinnerung, im Jetzt zu bleiben. Einen Rinderbraten zu essen und dabei zu grübeln, Müsli wäre besser, das ist doch ziemlich fad. Wenn wir uns auf das Essen vor uns auf dem Teller konzentrieren und uns von Herzen darüber freuen, sind wir im Hier und Jetzt.

Ein Fest ist ein ökologisches Prinzip, weil wir das Teilen fortführen. Ein Fest ohne Teilen gibt es nicht. Wir teilen miteinander und es heilt uns alle.

Es kommt uns vielleicht nicht sonderlich spirituell vor, wenn wir beisammensitzen und essen, aber es ist wichtig. Wir können einfach in ein Gasthaus gehen, aber selbst ein Fest zu veranstalten und für Freunde und Familie zu kochen, ist viel schöner. Eltern, die für ihr Kind eine aufwändige und liebevolle Geburtstagsfeier organisieren, wissen das. Instinktiv praktizieren sie die Prinzipien des Teilens und Heilens. Sie denken sich Spiele aus, die Spaß machen. Sie kaufen oder basteln Aufmerksamkeiten für die kleinen Gäste. Sie kochen und backen Essen, das möglichst allen schmeckt. Was für ein Fest!

In allen Kulturen dieser Welt gehören diese ur-ökologischen Prinzipien zu einem gelungenen Fest: Tanz, Musik, Essen und Singen.

Noch etwas sollten wir hier erwähnen, weil es so bedeutsam für unsere Menschwerdung ist: das Geschichtenerzählen. Auf Festen erzählen wir einander gerne die Geschichten, die zu diesem Fest geführt haben. Wir erinnern uns daran, wie wir Freunde oder Verliebte wurden. Wir erinnern uns an die Geburt eines Kindes. Wir erinnern uns an lustige Anekdoten aus dem Leben der Großmutter, deren Geburtstag wir gerade feiern. Das machen wir seit Anbeginn der Welt.
Noch etwas sollten wir verstehen, wenn es um das Teilen und Heilen geht.

Wir Menschen halten uns gerne für die Krone der Schöpfung und wir meinen, Gott habe alles exklusiv für uns erschaffen. Aber er hat die Welt nicht für uns Menschen gemacht.

Sehen wir uns dazu den Schöpfungsbericht doch einmal genauer an. Das Ziel ist nicht der Mensch. Ihn schuf Gott, gemeinsam mit den Tieren, am 6. Tag.

Das Ziel, der Endpunkt der Schöpfungsgeschichte, ist der 7. Tag, der Sabbat, der für Ruhe steht und für ein Fest. Der 7. Tag feiert die gesamte Schöpfung, auch die Tiere. Deshalb ist bei der Sabbat-Ruhe immer ausdrücklich erwähnt, dass auch die Tiere ruhen mögen. Das vergessen wir gern. In den Legebatterien und Massenbetrieben müssen sie weiter für uns schuften. Wir gönnen ihnen keine Ruhe, wir gönnen ihnen kein Fest. Aber die gesamte Schöpfung sollte den Feierabend zelebrieren und am siebten Tag Ruhe haben.

Seit Anbeginn der Schöpfung begleitet uns das Feste-Feiern. Es gibt eine Geschichte im Evangelium, in der Jesus von einem Festmahl erzählt, zu dem er alle einladen will. Alle haben Ausreden. Die Ochsenhändler, die gerade neue Ochsen gekauft haben, kommen nicht. Die Immobilienhändler, die gerade ein neues Grundstück gekauft haben, ebenso wenig. Alle, die Geschäfte gemacht haben, sagen ab, weil sie keine Zeit haben zum Feiern.

Wir können die Geschichte so deuten, dass wir keine Ochsenhändler und Immobilienhändler zu unseren Festen einladen sollen. Aber so einfach macht es uns die Bibel nicht. Die Viehhändler und Immobilienhändler sind in uns. In unserem Geist. Diese festefeindlichen Kräfte und Ausreden müssen wir ausladen.

Viele von uns kennen es. Wir suchen nach Gründen, warum wir ein bestimmtes Fest auslassen können. Keine Zeit, lautet die Standardausrede.

Das sind letztendlich unsere Widerstände, ins Hier und Jetzt zu kommen. Wir wehren uns dagegen. Aber die Schöpfung will von uns, dass wir die Feste feiern, wie sie fallen. Dieses alte Sprichwort birgt viel Wahrheit.

Ein kleines Fest sollte jeden Tag möglich sein. In der Kirche sind das der Gottesdienst, die Eucharistiefeier und das heilige Mahl. In der muslimischen, der hinduistischen, der buddhistischen, der jüdischen und allen anderen Traditionen gibt es diese regelmäßigen Feiern zu Ehren der Schöpfung, zu Ehren des Kosmos, ebenfalls. Was hält uns also noch auf? Feiern wir gemeinsam das Leben!

Kapitel fünf
DEM WELTHAUSHALT FREUDIG DIENEN

In diesem Buch geht es darum, wie wir die unvermeidlichen Krisen in unserem Leben meistern. Gehen wir dabei noch einen Schritt weiter. Wir kümmern uns nicht nur um uns selbst, um unsere Familie und Freunde. Wir fragen uns vielmehr, wie wir durch ein gefestigtes Seelenleben der ganzen Welt dienen können.

Die ganze Welt, das klingt beim ersten Lesen vielleicht vermessen, fast größenwahnsinnig. Doch wenn wir die Welt als Haus begreifen, wird alles klar.

Als wir uns intensiv mit dem Fest der Schöpfung befassten, fielen uns vier Gedichte ein, die sich mit den vier Jahreszeiten beschäftigten. Denn auch der immer gleiche Wechsel des Jahreslaufs ist ein ewiges Fest.

Wir waren weniger überrascht als vielmehr bezaubert, als uns in diesen vier Gedichten ein- und dasselbe Wort immer wieder begegnete: das Haus. So hängt immer wieder alles scheinbar zufällig mit allem zusammen.

Was ist der Welthaushalt? Er ist das System, oder der Kosmos, in dem wir alle leben, von dem wir alle abhängig sind und das wir alle mit unserer Liebe und unserer Gegenwart bereichern können.

Vier verschiedene Dichter mit verschiedenen Persönlichkeiten haben die Gedichte geschrieben. Sie alle handeln von den Phasen im Leben der Erde und im Leben eines Menschen. Alle vier spielen auf unterschiedliche Weise auf den Welthaushalt an, diesen »Haushalt der Weisheit«, den wir alle unsere Heimat nennen dürfen.

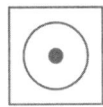

In der Welt zu Hause sein

Das erste Gedicht ist bekannt und genauso beliebt wie die milde, fröhliche und optimistische Jahreszeit, die es beschreibt. Wir beide haben es schon oft gelesen und sogar als Schüler auswendig gelernt. Aber erst jetzt ist uns aufgefallen, welch zentrale Rolle »das Haus« darin spielt. Fangen wir also mit dem Frühlingsgedicht an.

Eduard Mörike: Im Frühling

Hier lieg ich auf dem Frühlingshügel:
Die Wolke wird mein Flügel,
Ein Vogel fliegt mir voraus.
Ach, sag mir, all-einzige Liebe,
Wo du bleibst, dass ich bei dir bliebe!
Doch du und die Lüfte, ihr habt kein Haus.

Der Sonnenblume gleich steht mein Gemüte offen,
Sehnend,
Sich dehnend
In Lieben und Hoffen.
Frühling, was bist du gewillt?
Wann werd' ich gestillt?

Die Wolke seh ich wandeln und den Fluss,
Es dringt der Sonne goldner Kuss

Mir tief bis ins Geblüt hinein;
Die Augen, wunderbar berauschet,
Tun, als schliefen sie ein,
Nur noch das Ohr dem Ton der Biene lauschet.

Ich denke dies und denke das,
Ich sehne mich, und weiß nicht recht, nach was:
Halb ist es Lust, halb ist es Klage;
Mein Herz, o sage,
Was webst du für Erinnerung
In golden grüner Zweige Dämmerung?

– Alte unnennbare Tage!

Im Kern handelt dieses Gedicht von der tiefen Sehnsucht nach einer seelischen oder realen Heimat. Wir alle sehnen uns immer nach Hause. Das muss nicht unser Elternhaus sein oder das Haus, in dem wir derzeit wohnen. Es kann auch einfach das Gefühl sein, endlich angekommen zu sein. Das Schöne: Wir können jederzeit ankommen, und zwar in uns selbst.

Auch das nächste Gedicht, das Sommergedicht, handelt von Suche und Sehnsucht, auch wenn es heiterer ist. Es ist ein kleines, inhaltlich aber großes Gedicht.

Theodor Fontane: Guter Rat

An einem Sommermorgen
Da nimm den Wanderstab,
Es fallen deine Sorgen
Wie Nebel von dir ab.

> Des Himmels heitere Bläue
> Lacht dir ins Herz hinein,
> Und schließt, wie Gottes Treue,
> Mit seinem Dach dich ein.
>
> Rings Blüten nur und Triebe
> Und Halme von Segen schwer,
> Dir ist, als zöge die Liebe
> Des Weges nebenher.
>
> So heimisch alles klinget
> Als wie im Vaterhaus,
> Und über die Lerchen schwinget
> Die Seele sich hinaus.

Der Wanderer, den Fontane beschreibt, ist guten Mutes, weil die Liebe an seiner Seite wandert. In seinem, im Vaterhaus ist der Himmel das Dach. Die Welt ist seine Heimat. Er fühlt sich aufgehoben im Welthaushalt, er kennt seinen Platz und seine Seele fühlt sich fast unbesiegbar.

Nun folgt der kalte, unwirtliche Herbst. Etwas Trauriges, Schweres setzt ein, etwas, das wir wahrscheinlich alle kennen.

Rainer Maria Rilke: Herbsttag

> Herr: es ist Zeit. Der Sommer war sehr groß.
> Leg deinen Schatten auf die Sonnenuhren,
> und auf den Fluren laß die Winde los.

Befiehl den letzten Früchten voll zu sein;
gib ihnen noch zwei südlichere Tage,
dränge sie zur Vollendung hin und jage
die letzte Süße in den schweren Wein.

Wer jetzt kein Haus hat, baut sich keines mehr.
Wer jetzt allein ist, wird es lange bleiben,
wird wachen, lesen, lange Briefe schreiben
und wird in den Alleen hin und her
unruhig wandern, wenn die Blätter treiben.

Dieses Gedicht handelt von seelischer oder wirklicher Heimatlosigkeit. Das Treiben der Blätter steht für die Ruhelosigkeit und Verlorenheit, die wir alle vermutlich schon gefühlt haben.

Der Kreis der Jahreszeiten schließt sich nun. Schnee fällt und wir sehen ein heimeliges, hell erleuchtetes Haus vor uns. In unserem Wintergedicht geht es um die Heimat, das Vaterhaus, das Mutterhaus, das Elternhaus, das letztlich auch das Gotteshaus ist.

Georg Trakl: Ein Winterabend

Wenn der Schnee ans Fenster fällt,
Lang die Abendglocke läutet,
Vielen ist der Tisch bereitet
Und das Haus ist wohlbestellt.

Mancher auf der Wanderschaft
Kommt ans Tor auf dunklen Pfaden.
Golden blüht der Baum der Gnaden
Aus der Erde kühlem Saft.

Wanderer tritt still herein;
Schmerz versteinerte die Schwelle.
Da erglänzt in reiner Helle
Auf dem Tische Brot und Wein.

Dieses Haus ist ein wohlbestelltes, ein einladendes Haus. Es ist das Welthaus. Und das Herz des Ganzen ist die Eucharistie. Das Wort »Eucharistie« hat seinen Ursprung in der griechischen Eucharistia, der Danksagung. Wenn wir dankbar sind und ehrfürchtig vor der ganzen wunderschönen Schöpfung, dann sind wir angekommen. Die Begegnung mit dem geringsten, unbedeutendsten, vergänglichsten Gegenstand der Natur kann Eucharistie, kann eine Danksagung sein.

Wir bedanken uns bei Gott, indem wir teilen und heilen.

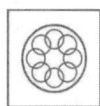

Unsere Wohngemeinschaft

Der Begriff »Ökumene« bezeichnet normalerweise den Versuch von Religionen und Kirchen, zu einer einigermaßen annehmbaren Einheit, Zusammenarbeit oder zumindest zu einer gegenseitigen Toleranz zu finden. Dabei ist Ökumene viel mehr und etwas viel Weitreichenderes.

Wortwörtlich übersetzt bedeutet das altgriechische Wort so viel wie »bewohnte Erde«. Wir bewohnen alle gemeinsam nur eine einzige, unteilbare Welt. Diese Welt ist ein Welthaushalt, ein allumfassendes System.

Drei mit der Vorsilbe »Öko« beginnende Worte beschreiben diesen Welthaushalt: Ökologie, Ökonomie und Ökumene. Ökonomie ist die Verwaltung des Hauses. Ökologie bezeichnet die innere Gesetzmäßigkeit dieses Haushalts, das Zusammenwirken aller Kräfte. Ökonomie ist das Wort für die Verteilung der Gaben des Welthaushaltes. Ökumene ist das Zusammenleben.

Sehen wir uns zunächst die Ökologie etwas näher an.

In der Schöpfungsgeschichte gibt es diesen schwierigen Satz: *Macht euch die Erde untertan.* Es klingt, als seien wir die Herrscher über die Erde. Es klingt, als sei die Erde unsere Befehlsempfängerin oder gar unsere Sklavin.

Nehmen wir also die Bibel zur Hand und lesen wir noch einmal genau nach. Wir erkennen, dass es nicht nur einen, sondern zwei Schöpfungsberichte gibt. Der erste, Genesis 1,28, spricht tatsächlich vom Befehl Gottes an die Menschheit, die Erde zu bevölkern und sie sich untertan zu machen. Blättern wir aber weiter, folgt ein anderer Ansatz. In Genesis 2,15 steht geschrieben: *Bebauet die Erde und behütet sie.*

Diese Sorgfalt im Umgang mit der Erde finden wir an vielen Stellen des Heiligen Buches, auch im Neuen Testament. Die Bibel ist da nicht ganz eindeutig, sie zeigt uns zwei verschiedene Einstellungen zur Natur, die sich gegenseitig korrigieren.

Vielleicht sind die beiden Haltungen absichtlich nebeneinandergestellt. Vielleicht sollen wir uns selbst entscheiden. Wie wollen wir als Menschen leben? Wie wollen wir mit dem Geschenk der Schöpfung umgehen?

Sehen wir uns nun auch die Ökumene näher an. Stellen wir uns dafür eine Quelle oder einen Brunnen vor. Wenn wir in diesem unserem Welthaus wohnen wollen, brauchen wir als Erstes

Wasser. Überall dort, wo es gutes, sauberes Trinkwasser gibt, haben sich Menschen zuerst angesiedelt. Sie haben die Wüste durchquert und unwirtliche Landschaften hinter sich gelassen, um Quellen zu finden, die ihnen das überlebenswichtige Wasser spendeten. Die ökumenische Erfahrung ist das gemeinsame Suchen und Finden einer solchen gemeinsamen Quelle.

Wo es Wasser gibt, entsteht ein Garten. Das ist die ökumenische Haltung. Der Garten erinnert uns an das Paradies. Er motiviert uns, etwas zu tun. Wo es eine sprudelnde Quelle gibt, da wächst etwas. Der ganze Welthaushalt ist ein Garten und die Ökumene ist die Pflege eines Gartens.

Wenn wie in einer Oase Bäume, Sträucher und Blumen aus dem Boden gewachsen sind, entsteht in den Menschen das Bedürfnis, sich zu versammeln und gemeinsam zu feiern. Dafür brauchen sie einen Ort, einen Tempel. Das sind die drei Bilder für die Ökumene. Die Quelle, der Garten und der Tempel. An diesen Orten fühlen wir Menschen uns besonders wohl. Diese Orte brauchen wir, um glücklich leben zu können.

Hinter diesen drei Orten, diesen drei Erfahrungsebenen, steckt viel mehr, als auf den ersten Blick ersichtlich ist. Sie haben eine vielschichtige und differenzierte Bedeutung.

In uns Menschen ist es angelegt, nach dem tieferen, dem verborgenen Sinn zu suchen. Wir wollen hinter und in die Dinge blicken. Wir wollen der letzten Wirklichkeit begegnen.

Eine Quelle ist nicht nur ein Ort, an dem zufällig Wasser aus dem Boden plätschert. Spirituell gesehen symbolisiert sie den Ursprung. Dieser Ursprung ist Gott. Er ist die letzte Wirklichkeit. Allerdings ist er wie eine Quelle, aus der nichts mehr herausfließt. Er ist die Quelle, die längst zum Bach, zum Fluss, zum Lebensfluss geworden ist.

So können wir das Göttliche erleben: als Nichts, aus dem alles hervorkommt. Es ist kein leeres Nichts, sondern ein schwangeres. Ein lebensspendendes Nichts.

Aus dieser Quelle entwickelt und entfaltet sich der Garten, in dem wir alle leben. Dieser Garten steht für alles, was es gibt. Stellen wir uns einen üppigen Bauerngarten vor, in dem alles im Überfluss wächst und gedeiht. So viele Farben, Formen und Düfte. Der göttliche Garten steht für die Fülle von allem, das es auf dieser Welt gibt. Er steht für die Fülle des Daseins. Das Nichts, die Quelle, aus der alles stammt, drückt sich im Reichtum dieses Gartens aus.

Wofür steht dann der Tempel? Für alles, was fließend und dynamisch ist. Er steht für das Leben und die Liebe. Er ist die Verbindung zwischen Quelle und Garten. Der Tempel ist das Bauwerk, das den Himmel auf Erden verwirklicht.

In der Offenbarung des Johannes ist das himmlische Jerusalem beschrieben mit seinen Toren und Säulen, die für die Beziehung zwischen Himmel und Erde stehen. Im Hinduismus und Buddhismus stehen die kreisrunden Mandalas für den Versuch, diese Zusammenhänge zwischen Himmel, Erde und Jenseits darzustellen.

Die Sehnsucht nach einer Verbindung zwischen Himmel und Erde gibt es nicht nur in den großen Weltreligionen. Diese Sehnsucht ist viel älter als sie, vermutlich so alt wie die Menschheit selbst.

Auch Stonehenge in England ist eine Art Tempel und es ist immerhin mehr als 4.000 Jahre alt. Oder denken wir an die Steinkreise, die wir im Mittelmeergebiet überall finden. Auch Sonnenuhren oder Sternuhren sind solche Versuche.

Das Wort Tempel hat die gleichen Wurzeln wie Tempo, Temperatur oder Temperament. All das sind Begriffe, die mit dem rechten Maß zu tun haben.

Im Hinduismus gibt es ein Sprichwort: Wenn der Tempel die rechten Proportionen, das rechte Maß hat, dann ist die ganze Welt in Ordnung. Im Christentum sagen wir: Wie im Himmel so auf Erden.

Das ist der Tempel: Wenn das Nichts und die Fülle in völliger Harmonie sind, dann sind auch das Leben und die Liebe in Ordnung.

Die letzte Wirklichkeit

Wir sind in Sicherheit. Wir erleben, wie wir in die letzte Wirklichkeit völlig eingebettet sind, und diese letzte Wirklichkeit ist Gott oder was auch immer für uns das große Ganze ist.

Eines müssen wir allerdings unabhängig von unseren religiösen Überzeugungen verstehen. Die letzte Wirklichkeit ist nichts, das wir von außen betrachten und analysieren können. Dort oben ist Gott und hier unten auf der Erde sind wir: Mit diesem Zugang zu den Dingen kommen wir nicht weiter. Wir können dieses Gefühl des Eingebettet-Seins nur innerlich erleben.

Wir sollten uns also nicht fragen, wie wir dieses Gefühl verstehen, es lehren und wie wir darüber sprechen können. Denn ihm liegt ein Geheimnis zugrunde, über das wir eigentlich gar nicht sprechen können, weil sich dieses Gefühl nicht in Worte fassen lässt. Wir können es nur erleben.

Kein Auge hat es gesehen. Kein Ohr hat es gehört, was Gott denen bereitet hat, die ihn lieben. (vgl. 1 Kor. 2,9)

Es geht nicht um Fakten. Es spielt keine Rolle, ob der Tempel eine Außenlänge von zwölf oder von zwanzig Metern hat. Für unser Gefühl ist es ganz egal, ob die blühenden und heilenden Pflanzen in unserem Garten *Geranium robertianum* heißen oder ganz anders.

Manche Dinge berühren uns in unserem tiefsten inneren Wesen, weil sie Spiegelbilder unseres eigenen Wesens sind.

Wenn wir diesen Aspekten in unserem Leben in übertragenem Sinne begegnen, der Quelle, dem Garten oder dem Tempel, passiert etwas mit uns.

Es ist erstaunlich und dann auch wieder ganz logisch, dass diese drei Elemente meist nicht nur in einem inneren, sondern auch in einem tatsächlichen Zusammenhang stehen. Überall auf der Welt gibt es Tempel, die neben einer sprudelnden Quelle stehen. Wer ein Kloster gründet, muss zunächst eine Quelle finden, lautet ein altes Sprichwort. Viele Heiligtümer haben einen Garten, denken wir nur an Klostergärten oder Zengärten.

In der Weihnachtsliturgie gibt es eine wunderschöne Stelle, an der es heißt:

Tiefes Schweigen umfing das All. Die Nacht hielt inne in der Mitte ihres Laufes. Da stieg dein allmächtiges Wort hernieder vom königlichen Thron.

Das ist unser Ursprung. Als alles in Stille war, mitten in der Nacht, sprang das Göttliche aus dem mütterlichen Schoß des Nichts.

Dieses Nichts ist mit unserem menschlichen Geist schwer zu begreifen. Aber wenn wir in einem Garten sind, wissen wir genau: Irgendwo kommt hier das Wasser her, sonst würde nichts wachsen. Im übertragenen Sinn heißt das für uns: Die Quelle ist der Geber aller Gaben, der Schöpfer, der Ursprung von allem, was es gibt. Dieses Es, das alles gibt. Und was ES gibt, ist Gabe.

Alles ist geschenkt, alles ist gegeben. Wir leben in einer geschenkten Welt. Das müssen wir ernst nehmen.

Woher kommt der Hass?

Selbst eine lebhaft sprudelnde Quelle mit köstlichem Trinkwasser kann in einem feindlichen und eisigen Klima nicht überleben. Wenn die Temperatur unter den Gefrierpunkt fällt, erstarrt sie und versiegt.

Dieses eiskalte Klima sind die Ismen: der Moralismus, der Ritualismus, der Radikalismus und der Dogmatismus, und sie alle definieren sich vor allem um Religionen. Was tun?

Wir können das Eis nur mit unserer eigenen Herzenswärme wieder aufwärmen. Wir müssen bei uns selbst anfangen, tief in unserem Inneren. Dort entsteht die Liebe.

Das gilt für unser Privatleben, in unseren Beziehungen, in unserer Familie, an unserem Arbeitsplatz, in unserer Gemeinde, in jeder Organisation und in jedem Staat.

Die Wärme beginnt in einem Herz, aber es braucht mehr als ein Herz, um genügend Wärme aufzubringen.

Wir erfahren und verstehen die Welt unterschiedlich, was zu Missverständnissen führt. Oft sehen wir die Dinge anders als Menschen, die aus anderen Kulturen stammen. Dabei gibt es auch viele Gemeinsamkeiten, wir müssen nur genau hinschauen und uns mit unserer gemeinsamen Geschichte befassen.

Alle drei monotheistischen Religionen, das Judentum, das Christentum und der Islam, finden Zugang zur letzten Wirklichkeit mit einer starken Betonung des Wortes und der Sprache. Das Wort ist Fleisch geworden, heißt es im Johannesevangelium. Das gleiche Verständnis finden wir auch bei unseren Brüdern und Schwestern anderen Glaubens. *Gott spricht.* Das ist für viele Juden das Herzstück des Judentums.

Dabei stehen wir alle in der Tradition der griechischen Antike. In der Philosophie Griechenlands macht erst *logos*, die Vernunft, der Verstand, das Herz, das Gemüt, den ganzen Kosmos verständlich. Wir Menschen haben *logos*, das Wort. Wir sind also vernunftbegabte Wesen. Wir verstehen, was sich in der Welt verwirklicht. Wir können es beschreiben. In der jüdischen Tradition, und Johannes war Jude, ist diese Vernunft der Ausdruck der Weisheit und der Liebe Gottes.

Es gibt eine schöne Geschichte über einen chassidischen Rabbi. Chassidische Juden pflegen einen besonders mystischen Zweig des Judentums. Dieser Rabbi brachte es einfach nicht fertig, seinen Lehrer zu zitieren, dabei wäre gerade das seine Aufgabe gewesen. Denn jeder Rabbi wiederholt die Worte seines Lehrers, der wiederum seinen Lehrer zitiert und so geht die geistige Ahnenreihe zurück bis zum Anbeginn der Zeit. Jedes Zitat hat einen ellenlangen Stammbaum. So war es immer, so muss es eben sein und so wird es immer bleiben.

Aber diesem armen Rabbi wollte es einfach nicht gelingen. Er begann seine Predigt, indem er seine Tora aufrollte. »Und Gott sprach«, sagte er, aber da war es schon vorbei mit ihm. Dieser schlichte Satz versetzte ihn in eine solche Ekstase, dass die anderen ihn hinausführen mussten, wo er dann im Gang stand und seinen Kopf an die Wand stieß vor lauter Fassungslosigkeit. »Stellt euch das vor, Gott sprach! Ist das nicht Wahnsinn?«, rief er dabei.

Der österreichisch-jüdische Religionsphilosoph Martin Mordechai Buber erzählte diese Geschichte gern und fasste sie folgendermaßen zusammen: Dieser Rabbi verstand mehr als andere, die alle altehrwürdigen Predigten zitieren konnten. Denn er hatte erkannt, welch ein Wunder geschehen ist. Gott sprach und schenkte uns gleichzeitig die Schöpfung und die Erlösung.

Der magische Satz des Judentums lautet: Gott sprach. Der magische Satz des Christentums lautet: Das Wort ist Fleisch geworden. Was uns vereint, ist die Ehrfurcht vor diesem göttlichen Prozess.

Auch mit dem Islam haben wir Christen eine bemerkenswerte Gemeinsamkeit, die zunächst allerdings unscheinbar wirkt: das Wörtchen Amen. Bei den Muslimen heißt es Amin und beschreibt wie bei uns die Dankbarkeit für Allahs Güte und die innige Bitte, uns zu erhören.

Amen stammt aus dem Hebräischen und ist die Antwort auf *Amuna*, also auf die Zuverlässigkeit oder auch Vertrauenswürdigkeit Gottes. Wenn wir auf Gott oder Allah vertrauen, sagen wir Amen oder Amin. Dieses magische Wort teilen Muslime und Christen.

Was bei uns im Westen das Wort ist, ist im Osten das Schweigen. Für Buddhisten ist die Stille heilig. Es gibt viele Geschichten über die Bedeutung des göttlichen Wortes, aber wie lässt sich eine erzählerische Tradition um das Schweigen schaffen?

Die Geschichte der Blumenpredigt des Buddha ist für die Buddhisten so wichtig wie unsere christliche Bergpredigt. In dieser Erzählung hält Buddha, der Erleuchtete, eine einzige Blume in der Hand und sagt kein Wort. Wenn jemand sagt, er habe dieses Symbol verstanden, hat er wohl in Wahrheit gar nichts verstanden, denn wir können es nicht mit unserem Verstand verstehen.

Wer vor Buddha steht, ihn ansieht und ihn in völligem Schweigen anlächelt, hat verstanden. Er wird der Nachfolger Buddhas. Die spirituelle Tradition, die er weitergibt, ist dieses weise Schweigen.

Die Stille übersteigt bei den Buddhisten jedes Wort. Gleichzeitig haben sie viele heilige Bücher, in schierer Summe entsprechen sie wahrscheinlich zehn Bibeln. Das ist enorm viel

Lesestoff. Einmal im Jahr lesen Buddhisten alles durch und am Ende sagen sie: Verbrennt alles. Das würden wir Christen wohl nie sagen.

Das Gleiche gilt für den berühmten Satz: Wenn du Buddha triffst, töte ihn. Wie das gemeint ist, können wir Christen vielleicht schwer verstehen. Aber wir können nachfragen und dazulernen. Auch wir kennen die heilende Wirkung der Stille, die wir in unseren Klöstern praktizieren.

Was für Muslime, Juden und Christen das Wort und für Buddhisten das Schweigen ist, ist für die Hindus das Verstehen. Yoga hat die gleiche Wortwurzel wie das Joch. Es geht also um das Ertragen, das Wachsen an Widerständen und das Verständnis, das daraus entsteht.

Das Wort, das Schweigen und das Verstehen sind dicht miteinander verwoben. Genauso wie die fünf großen Weltreligionen.

Das Wort existiert nicht ohne das vorangegangene Schweigen. Wir erinnern uns: Kommt das Wort nicht aus dem Schweigen, ist es kein Wort, sondern hirnloses Geplapper. Aus dem Schweigen und dem Wort entsteht das tiefe Verständnis für unsere Welt und für Gottes Schöpfung.

Auch die Urtraditionen, zum Beispiel der australischen Aborigines oder der Indigenen in Amerika, enthalten diese drei Elemente. Sie bilden den Mutterboden, aus dem die Pflanzen der Weltreligionen später gewachsen sind.

Ein Garten ohne Zäune

Vor einigen Jahren unternahmen wir eine Wallfahrt zum Stift Altenburg, das inmitten der Hügel des niederösterreichischen Waldviertels liegt. Es gibt dort wunderbare Gartenanlagen, darunter den sogenannten »Garten der Religionen«. Er besteht aus fünf Feldern, die für die fünf Weltreligionen stehen.

Die Mönche haben diesen Garten auf Basis der päpstlichen Erklärung *Nostra aetate* von 1965 gestaltet, die von der Haltung der katholischen Kirche zu den nichtchristlichen Religionen handelt. Auf sehr kluge und ansprechende Weise stellt dieser kleine Garten die Verbindungen zwischen Christentum, Judentum, Islam, Hinduismus und Buddhismus dar.

Die Pflanzen und andere Elemente sind auf eine Weise angeordnet, die uns das Gefühl vermittelt, durch einen kleinen Park zu wandeln. Es sieht in den fünf Bereichen dieses Gartens aus, als befänden wir uns wirklich in den Herkunftsländern der jeweiligen Religion. Wir können also von einer Religion in die nächste spazieren, von Europa nach Israel, Asien und in den Orient. Alles ist verbunden.

Pater Michael vom Stift Altenburg sagte uns damals, diese Gärten würden sich stark vom Schrebergarten unseres Egoismus unterscheiden.

Im Schrebergarten sind wir allein. Wir bauen nur unser eigenes Gemüse an und das Wichtigste ist der Zaun. Im Garten der Religio-

nen ist das Wichtigste das Gartentürchen. Wie kommen wir hinein? Wo finden wir den Zugang? Was will uns der Garten, wenn wir ihn durchqueren, mitteilen?

Die Mönche von Altenburg haben sich viele Gedanken gemacht. Im Gartenteil des Christentums steht in der Mitte das Becken, das die Taufe symbolisiert. Das Wasser ist auch sonst überall. Es fließt durch den Garten hindurch, hinauf und hinunter. Der Teil des Buddhismus ist ein runder Sandplatz, auf dem eine große Stille herrscht. Es folgt das Judentum, das den Zugang zum Islam öffnet.

Im Gartenteil des Islam liegt eine alte Säule quer. Das soll heißen: Die christliche Tradition erschwert es uns, einen Zugang zum Islam zu finden. Die Säule ist gotisch und damit reicht das Bild zurück bis zur Zeit der Kreuzzüge. Eine kluge Idee. Wir müssen also über unsere Traditionen, über unsere Geschichte und über unsere Vorurteile steigen, um zum Islam zu gelangen und den harmonischen Weg durch den Garten weiterzugehen.

Dieser Garten ist nicht nur schön anzusehen, er dient auch als Ort des tatsächlichen Austausches. Das Stift veranstaltet dort eine *Summer University*, bei der sich junge Menschen aus vielen Ländern und mit verschiedenen Religionen treffen.

Streit entsteht, weil die Religionen einander erzählen wollen, was die jeweils anderen falsch und was sie selbst richtig machen. Das passiert, wenn wir von außen auf etwas schauen. Oder von oben herab.

Auch einen Gipfel erleben wir nicht von außen. Wir müssen den Berg wirklich besteigen. Ebenso müssen wir den Garten der Religionen und den Garten Gottes wirklich durchwandern, damit wir uns endlich aufeinander einlassen können.

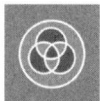

Die drei heiligen Elemente

Wir sind eins. Was folgt daraus? Welche Aufgabe und welche Herausforderung ergeben sich aus diesen Erkenntnissen? Wir können diese Frage auch anders stellen.

Wie finden wir die Erleuchtung? Die Antwort lautet: Wir müssen die Quelle finden, den Garten anlegen und den Tempel bauen.

Das geht im Großen, bezogen auf unser gesamtes Leben. Das geht aber auch im ganz Kleinen. Zum Beispiel in einer ganz normalen und alltäglichen Situation. Denken wir an eines der Gespräche, die wir jüngst mit einem anderen Menschen geführt haben. Wenn es nicht so gut gelaufen ist, sollten wir an unserer Einfühlsamkeit arbeiten. Dabei helfen uns die drei heiligen Elemente.

Wir fragen nach der Quelle. Woraus lebt dieser Mensch? Wo findet er Kraft? Woher stammt er und woher stammen seine Überzeugungen? Vielleicht ist seine Quelle gerade am Versiegen und wir müssen Verständnis zeigen, dass er nicht viel einbringen kann.

Wir fragen nach dem Garten. Wie sieht der Ort aus, an dem sich dieser Mensch körperlich und geistig aufhält? Wie geht es ihm in seinem Leben? Vielleicht lebt er in einem Steingarten oder in einer kargen, unwirtlichen Wüste.

Wir fragen nach dem Tempel. Hat dieser Mensch überhaupt ein Heiligtum oder einen Ort, an dem er sich mit anderen treffen und neue Kraft schöpfen kann? Vielleicht ist er einsam und wir helfen ihm durch eine Einladung zu einem gemeinsamen Essen oder einem Fest.

Warum der Euro keine Quelle ist

Wir können uns diesen dreigliedrigen Weg immer wieder vergegenwärtigen. Es ist wichtig, den ganzen Prozess zu sehen und alle drei Elemente gleichermaßen zu berücksichtigen. Sie helfen uns in der Begegnung mit einzelnen Menschen und in der Begegnung mit Gruppen.

Eine Gruppe braucht eine gemeinsame Quelle. Wenn jeder zu seinem eigenen Wasserhahn oder Bierfass geht, kann kein gemeinsamer Garten und auch kein Tempel entstehen.

Besonders in Europa und in der Europäischen Union haben wir die Suche nach der gemeinsamen (spirituellen) Quelle vernachlässigt, weshalb wir uns auch mit dem Gärtnern schwertun. Wir haben keinen europäischen Garten.

Viel zu lange haben wir nur auf das Materielle geachtet. Wir haben geglaubt, der Euro, die gemeinsame Währung, sei eine gemeinsame Quelle der Solidarität, des Friedens und der Völkerverständigung. Damit lagen wir ziemlich falsch. Helmut Kohl, der ehemalige Bundeskanzler der Bundesrepublik Deutschland, der oft Gast in unserem Kloster war, wollte unbedingt den Euro als eine gemeinsame Währung, weil er sagte, dass Menschen, die ein gemeinsames Zahlungsmittel haben, nicht gegeneinander Krieg führen. Gegen Ende seiner Amtszeit aber kam er zu dem Schluss, dass die gemeinsame materielle Währung nicht ausreicht, sondern dass Europa und die Menschen sich noch mehr um die gemeinsame geistige und geistliche Währung bemühen müssen. Er sagte auch: »Die Arbeit und die Bemühung um eine geistliche Währung, um wirkliche Gemeinsamkeit, ist nie abgeschlossen.«

Wenn Menschen zusammenkommen, brauchen sie eine Quelle, einen Garten und einen Tempel. Wenn wir ein gemeinsames, friedliches Europa wollen oder gleich am besten eine ganze gemeinsame, friedliche Welt, brauchen wir erst einmal echte Gemeinsamkeit. Das meinen wir, wenn wir von Ökumene sprechen.

Gerade heute sehnen sich viele Menschen nach tief empfundener Gemeinsamkeit. Davon sind wir fest überzeugt. Es geht dabei um die Elemente einer Urreligion, die wir alle in unserem Wesenskern spüren.

Einen Garten zu pflegen ist genau dasselbe, wie ein Gebet zu sprechen. Wenn wir einen Garten pflegen, lernen wir auch zu beten. Wenn wir einen Garten pflegen, lernen wir auch, andere Menschen pfleglich zu behandeln. Wir sollten gemeinsam beten und gemeinsam schweigen. Dann wird unser Gemeinschaftsgarten gut gedeihen.

Zum Abschluss passt hier das folgende Gedicht aus der Barockzeit, das eigentlich auch ein schönes Gebet ist.

Angelus Silesius: Sie ruft ihn in ihren Garten

1

Komm, Liebster, komm in deinen Garten,
Auf daß die Früchte besser arten.
Komm in meines Herzens Schrein,
Komm, o Jesu, komm herein.

2

Komm, bring zurechte, was zerstreuet,
Und setz es ein, damits gedeihet.
Komm, du edler Gärtner, du,
Richts nach deinem Willen zu.

3

Wenn du hereinkommst, wahre Sonne,
So steht der Garten voller Wonne.
Alle Blumen tun sich auf,
Wenn sie spüren deinen Lauf.

4

Was vor verstockt war und erfrorn,
Das lebt dann und ist neugeborn,
Was verdorret war im Fluch,
Gibet himmlischen Geruch.

5
Komm, lass deines Herzens Wasser springen
Und durch des meinen Erde dringen.
Deiner offnen Wunden Saft
Gebe mir zum Grünen Kraft.

6
Dein Haupt von Dornen ganz zerrissen,
Laß alles Blut herunter fließen.
Deines Angesichtes Schweiß
Mache mich zum Paradeis.

7
So werd ich schön und herrlich grünen
Und dir zur Lust und Freude dienen,
Und mein Herze wird so fein
Dein gewünschter Garten sein.

Gott finden

Wir dürfen uns nicht aus der Politik, der Wirtschaft und dem Umweltschutz heraushalten. Alle haben wir gemeinsam an diesem unseren Haushalt mitzuwirken. Wenn wir sagen, wir sind für mehr Spiritualität und die Politik interessiert uns längst nicht mehr, ist das keine richtige Spiritualität.

Wir müssen für unsere Schöpfung Verantwortung übernehmen.

Spiritualität bedeutet Lebendigkeit und Beziehungen auf allen Wegen und in allen Bereichen. Wenn wir uns nicht für Politik interessieren und uns nicht für eine bessere Welt engagieren, bedeutet das, dass wir den Status Quo unterschreiben und sogar noch bestärken. Wenn wir uns zurückziehen, geht alles weiter wie immer und nichts wird besser. Wir müssen Einfluss nehmen. Wir sind sogar dazu verpflichtet. Gerade in unserer jetzigen Zeit, in der so viel auf dem Spiel steht.

Wir müssen global denken. Wir müssen uns einbringen. Wir müssen über die staatlichen Grenzen hinausdenken.

Letztendlich ist politisches Engagement eine trinitarische Erfahrung. Die Trinität im Christentum besagt: Gott ist gleichzeitig der Vater, der Sohn und der Heilige Geist. Das ist die Dreifaltigkeit. Für uns sind die drei wesentlichen Elemente des Glaubens die Stille, das Wort Gottes und das Tun. Sehen wir uns diese drei Elemente noch einmal im Einzelnen an.

Die Stille. Wir erfahren die letzte Wirklichkeit, die unaussprechliche Wirklichkeit, wenn wir uns im Schweigen üben. Das ist nichts anderes als das buddhistische gemeinsame Gebet in der Stille. Wir alle lassen uns hinunter in diese endlose Stille.

Das Wort. In der christlichen Tradition sprechen wir davon, *vom Wort Gottes zu leben.* Wir leben von seinen Worten, wie man vom Brot lebt. Das ist gemeint, wenn Jesus sagt: *Der Mensch lebt nicht vom Brot allein, sondern von einem jeden Wort, das aus dem*

Mund Gottes hervorgeht. Der Mensch braucht das göttliche Wort, er braucht die göttliche Lehre.

Das Wort »Brot« ist übrigens zentral in der Bibel. Doch Gott verwendet im gleichen Zusammenhang auch das Wort »Stein«. Jesus ist nicht ganz einverstanden. »Ich sage lieber Brot«, erklärt er sinngemäß, »aber ich werde nicht zu meinem Vater sagen, dass ich lieber Brot sage, wenn er Stein sagt. Wer bin ich, dass ich dem Vater vorschreibe, welche Bezeichnung er wählt?«

Doch das ist gefährlich. Denn Brot steht für Leben und Stein steht für den Tod. So auch an einer anderen Stelle im Lukas-Evangelium, wo es als Warnung heißt: *Wenn die Kinder euch um Brot bitten, werdet ihr ihnen einen Stein geben?* Die Kinder bitten um Nahrung, um Leben, heißt das, doch ihr habt nur den Tod für sie.

Die Bedeutung des Gartens haben wir schon beschrieben. Als Jesus den fruchtbaren Garten verlassen hat und in der Wüste hungert, bittet er Gott um Brot, doch er bekommt es nicht. Am Ölberg bekommt er von Gott den Kelch, doch Jesus will ihn nicht. Daher kommt das Wort: *Lass den Kelch an mir vorüberziehen.*

Gemeint ist auch hier der Tod. Jesus will nicht sterben. Schlussendlich trinkt er den Kelch aber doch aus. Was hat das alles zu bedeuten? Von Gott kommt das Wort, das Brot, der Stein und der Kelch. Das Nährende und das Todbringende. Der Mensch lebt von jedem einzelnen Wort, das aus Gottes Mund kommt. Und zu jedem von uns wird Gott früher oder später sagen: »Jetzt ist es Zeit, zu sterben.«

Können wir Gott vertrauen? Wenn wir von jedem einzelnen Wort Gottes leben, können wir auch den Tod akzeptieren. Wenn Gott uns den Tod zuspricht, dann ist das für uns auch das Leben. Es ist die letzte Verwirklichung unseres Glaubens.

Das Tun. Der dritte wichtige Grundsatz unserer Tradition heißt *contemplatio in actione*, Gott im Tun finden. Damit kommt Dynamik in unsere spirituelle Praxis. Wir üben uns im Schweigen und suchen die Stille. Wir leben von Gottes Wort und studieren seine Lehre. Und dann werden wir aktiv.

Gott im Tun zu finden heißt, in echter Liebe zu handeln und so die Liebe Gottes, die ja das Wesen Gottes ist, von innen her zu erleben und zu erfahren. Es geht jetzt nicht mehr darum, darüber nachzudenken und darüber zu reden. Auch nicht darum, Bücher zu schreiben, wie wir es gerade tun.

Es geht darum, die göttliche Liebe, die wir in unserem Inneren spüren, ins Äußere zu übertragen und danach zu handeln.

Viele einfache Menschen machen das jeden Tag. Vielleicht erinnern wir uns an unsere Großmütter, die den ganzen Tag kochten, wuschen und flickten. Vielleicht fanden sie in Wirklichkeit Gott im liebenden Tun für andere.

»Heute war ich mit den Kindern im Zoo und hatte gar keine Zeit, zu beten«, sagte einmal eine Lehrerin zu uns.

»Du hast es gut«, antworteten wir. »Du warst keinen Moment abgelenkt. Die Aufmerksamkeit, die du jedem einzelnen Kind den ganzen Tag lang geschenkt hast, und deine Sorge, dass kein Kind verlorengeht, genau das bedeutet, dass du Gott von innen gefunden hast. Deine Liebe, deine Mühe und deine Fürsorge sind dein Gebet.«

Sie haben sicher schon bemerkt, liebe Leserinnen und Leser, dass wir die Poesie lieben und die Weisheit, die in manchen Gedichten steckt, bewundern. Hier passt das folgende Gedicht besonders gut, weil es auch trinitarisch ist, also aus drei Elementen besteht. Es stammt von einem Schweizer Dichter und beschreibt vordergründig die *Fontana dei Cavalli Marini*, einen Brunnen in der römischen Parkanlage *Villa Borghese*. Doch tatsächlich geht es um die Heilige Dreifaltigkeit aus Stille, Wort und Tun, die wir gerade beschrieben haben.

Conrad Ferdinand Meyer: Der römische Brunnen

Aufsteigt der Strahl und fallend gießt
Er voll der Marmorschale Rund,
Die, sich verschleiernd, überfließt
In einer zweiten Schale Grund;
Die zweite gibt, sie wird zu reich,
Der dritten wallend ihre Flut,
Und jede nimmt und gibt zugleich
Und strömt und ruht.

Von diesem Gedicht gibt es 7 Versionen, die zwischen 1860 und 1882 entstanden sind. Wenn man die Entwicklungsgeschichte dieses Gedichts genau verfolgt, dann erkennt man, wie der Dichter das Wesentliche des Lebens, das Geben und Nehmen des Lebens und die Einheit des Lebens uns kunstvoll nahebringen will.

Kapitel sechs
MITGEFÜHL HEILT

Leben und Wachstum sind immer verbunden mit Schmerz, von Anfang an. Frauen, die eine Geburt erlebt haben, wissen das am allerbesten. Leben ist Wachstum und Wachstum ist Schmerz. Ein Leben ohne Krisen ist nicht möglich. Dieser Gedanke ist nicht angenehm, aber wenn wir ganz tief in uns hineinhorchen, spüren wir, wie wahr er ist.

In unserem ganzen Leben und in jedem Wachstumsprozess leiden wir. Das ist einfach so.

Unter den Geburtswehen, mit denen unser Leben beginnt, leidet unsere Mutter. Alle Menschen spüren Zeit ihres Daseins auf dieser Erde immer wieder Schmerz. Bei vielen werden diese Schmerzen sogar chronisch. Einen Teil unseres Lebens erleben wir also alle leidend und unter Schmerzen. Diesen Zusammenhang als Eigenschaft des Lebens zu begreifen, ist wichtig.

Wir haben uns in diesem Buch nun schon recht ausführlich mit Krisen beschäftigt und damit, wie uns Spiritualität bei ihrer Bewältigung helfen kann. Wir haben uns auch die Ökologie als einen der großen Zusammenhänge, die unser Leben bestimmen, angesehen. Jetzt kommt beides zusammen, die Spiritualität und die Ökologie.

Es gibt keine Geburt ohne Schmerz. Es gibt kein Wachsen und Werden ohne Leid. Erst wenn wir das begreifen, sind wir spirituelle Wesen.

Was dieser Gedanke mit Ökologie zu tun hat? Ganz einfach: Er zeigt uns, wie verwoben alles ist. Freude und Leid, Gesundheit und Krankheit, Liebe und Hass, du und ich. Wir sind keine einzelnen Fäden. Wir sind ein einziges großes Tuch.

Ich bin immer für dich da

Wie hält der Baum nur diese Schmerzen aus, wenn all seine Knospen aufbrechen? Diese Frage stellten wir uns einmal im Frühling. Der Beginn jungen Lebens erschien uns so gewaltsam zu erfolgen, aber das Aufbrechen ist nötig, damit Neues hervorkommen kann.

> *Ökologisch zu denken und zu handeln bedeutet auch, den Schmerz der anderen Lebewesen zu sehen, zu begreifen und mitzufühlen.*

Unsere Sprache zeigt uns auch hier die in ihr liegende Weisheit. Wir müssen nur genau hinhören oder genau lesen. Wer Mitgefühl hat, fühlt mit. Wir brauchen dringend Mitgefühl mit den Pflanzen, mit den Tieren, mit unseren Mitmenschen und mit uns selbst.

Die Frage ist, wie wir mit diesem großen oder kleinen Leid umgehen, das uns umgibt. Das Buch Hiob enthält eine schöne Stelle, die uns dazu einen Hinweis gibt.

Dieser Teil der Bibel handelt vom armen Hiob, der eine Wette mit dem Teufel eingeht und damit sein Leben ruiniert. Er verliert seine Kinder, seine Gesundheit und alles, was er besitzt. Trotzdem hält er an seiner Liebe und seinem Vertrauen zu Gott fest.

Mitten in etwas, das wir heute vielleicht als Depression bezeichnen würden, besuchen ihn Freunde. Sie versuchen, sein Leid in Worte zu fassen und sich einen Reim darauf zu machen.

Es wird viel geredet an dieser Stelle im Buch Hiob. Doch dort steht auch ein kleiner, unscheinbarer Satz, den wir leicht überlesen, dabei ist er vielsagend und wegweisend. Seine Freunde kommen und sie setzen sich einfach zu ihm, lautet er. *Eine ganze Woche sitzen Hiobs Freunde schweigend bei ihm.* Dieses missachtete Detail erscheint uns eine wichtige und hilfreiche Botschaft bis in die Gegenwart zu sein.

Wenn unsere Freunde leiden, genügt es, einfach nur da zu sein. Präsent. Wach. Voller Mitgefühl und Liebe.

Starke Menschen haben immer gelitten

Helfen wir einem geliebten Menschen in seinem Leid, können wir miterleben, wie er oder sie daran wächst. Wenn wir selbst einmal gelitten haben, erinnern wir uns später oft an einen Moment, in dem wir uns stark gefühlt haben, stärker als vorher. Wir alle wachsen an Krisen.

Kann ein Mensch reif und weise werden, wenn er nie gelitten hat? Wohl eher nicht.

Wachstum und Reife sind untrennbar miteinander verbunden. Die reifsten Menschen, die wir kennen, haben unglaublich gelitten. Wenn wir selbst leiden, können wir uns fragen: Wie trägt dieses Leid zu unserer geistigen Reifung bei?

Vielleicht schaffen wir es sogar, dankbar für unser Leid zu sein. Immerhin gibt es uns die Gelegenheit, zu reifen und zu wachsen.

Vielleicht finden wir manchmal keine Antwort auf die Frage, warum wir gerade leiden und was wir dabei lernen sollen. Wir müssen auch gar keine Antwort finden, die sich in Worte fassen lässt. Oft genügt es, wenn wir uns auf das Leid und die Schwierigkeiten mit ganzem Herzen einlassen. Wir müssen sie nur ausleiden und durchleiden. Hier bekommt das Wort »mitleiden« einen zusätzlichen Aspekt.

Unser eigenes Leiden ist immer ein Mitleiden mit allen anderen, die ebenfalls leiden, und nicht nur die Menschen, auch die Tiere und die Pflanzen, alles leidet und alles lebt.

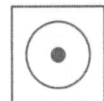

Einen uralten Streit schlichten

So, wie alles mit allem zusammenhängt, innerlich und auch äußerlich, können wir den Kosmos als Körper, als Leib Gottes begreifen. Deshalb begründet er, Gott, unsere Solidarität mit allen und allem anderen. Wir sind alle hier drinnen in diesem Leib, wir sind alle dabei und gehören alle zusammen.

Wenn unsere Zehe schmerzt, können wir nicht sagen, wir seien gesund, nur unsere Zehe sei krank. Wenn eine Zehe schmerzt, ist der ganze Mensch krank. Wenn ein Element siecht, siecht alles mit.

Wenn wir begreifen, dass es einen inneren und äußeren Zusammenhang aller Dinge gibt, und den ganzen Kosmos als Leib Gottes begreifen, fordert das unsere ganze Solidarität heraus.

Wir müssen dafür nicht einmal an Gott glauben. Das Gleiche gilt, wenn wir Atheisten oder Agnostiker sind. Wenn wir den Kosmos als großes Ganzes sehen, verstehen wir intuitiv, dass alles mit allem zusammenhängt. Dann leiden wir mit unserem Leid automatisch mit anderen mit und empfinden eine tiefe Solidarität.

Den Kosmos als Leib Gottes zu sehen, ist in der Theologie allerdings seit langem umstritten. Dürfen wir Gott auf diese Weise definieren und scheinbar auf etwas begrenzen? In der Geschichte der christlichen Tradition begegneten viele Geistliche dieser Idee wegen solcher Fragen mit Argwohn bis hin zu wütender Zurückweisung. Eine ganze Reihe ihrer Anhänger fand den Tod in den Feuern der Inquisition. In Wirklichkeit bestehen die scheinbaren Widersprüche gar nicht, wie wir an einem einfachen Beispiel zeigen können.

Ändern wir an unserem menschlichen Leid etwas Kleines, ändert sich auch unser Geist. Wenn wir zum Beispiel durstig sind und etwas trinken, entspannt sich unser Geist und unsere ganze Haltung ändert sich. Der Geist reicht also über den Leib hinaus. Ebenso reicht die göttliche Wirklichkeit über den Leib Gottes hinaus. Sie reicht über den Kosmos hinaus.

Wir sind wie Kinder im göttlichen Mutterleib. Wir leben mitten im Kosmos. Das ist ein ganz anderes Gottesverständnis als ein Gott, der getrennt von uns irgendwo da oben in den Wolken sitzt und herrscht.

Der mütterliche Gott, der sich uns in dieser Betrachtung zeigt, ist beschützend, wohlwollend und nährend. Wir sind im göttlichen Kosmos vollkommen eingebettet und bestens aufgehoben.

»Es« gibt

Wir spüren uns in der beschriebenen Allverbundenheit. Wenn wir uns in diesem großen Ganzen sehen, relativiert uns das als kleine Einzelwesen. Wir können sagen: Ich bin eine der unendlich vielen Möglichkeiten, in denen das göttliche Selbst erscheint. In mir drückt sich Gottes Potenzial aus.

Aber es drückt sich nicht nur in mir aus, muss dann unser nächster Gedanke sein. Es drückt sich im gesamten Kosmos, in der gesamten Schöpfung aus.

Wo bliebe bei diesem Gedanken noch Raum für Egoismus?

Interessant sind hier Ausdrücke, die wir täglich verwenden und ganz übersehen, wie viel Weisheit sie in sich tragen.

Wir sagen: »Es gibt« dies oder »Es gibt« das.

Wir sagen: Es gibt Bäche und Flüsse.

Wir sagen: Es gibt Berge und Täler.

Wir sagen: Es gibt immer weniger Bäume.

Aber was genau ist dieses »Es« eigentlich, das da gibt?

Dieses »Es« ist genau jenes göttliche Potenzial, von dem wir sprechen. Dieses »Es« ist die göttliche Möglichkeit, die sich ständig manifestiert. Wir können »Es« auch die »Quelle aller

Gaben« nennen, aus der alles kommt, was wir sehen und hören und spüren.

Zu diesen Gaben gehört alles Materielle, alles, was wir sehen oder anfassen können. Aber auch alle geistigen Dinge gehören dazu, alle Gefühle, Gedanken oder Ideen.

Zu Beginn des Mittelalters, zwischen 400 und 702 nach Christus, fanden im spanischen Toledo 18 kirchliche Versammlungen statt. Der jeweilige König kam mit den Bischöfen und anderen Geistlichen zusammen, um Glaubensfragen zu debattieren. Dort entstand eine Bezeichnung für Gott, die heute wieder modern wirkt: *fons et origo totius divinitatis*: Gott ist die Quelle und der Ursprung alles Göttlichen.

Eine Quelle ist der Beginn von etwas, das sich noch nicht ausgedrückt hat. Das Göttliche auszudrücken, es zu verwirklichen, ist unsere Aufgabe.

Da taucht es schon wieder vor uns auf, dieses gebende »Es«: Es gibt mich und es gibt dich und es gibt die Blumen und es gibt das Wasser und es gibt unsere gemeinsame Zeit und wir drücken es durch unser Dasein aus.

Hier schließt sich in diesem Buch ein Kreis, denn wir kehren noch einmal zurück zu einem Thema, das wir an seinem Beginn besprochen haben. Zur Selbstverwirklichung, die, wie schon der Name sagt, eine Verwirklichung unseres Selbst und nicht eine unseres Egos ist.

Sich selbst zu verwirklichen heißt: ganz in der Welt zu leben, ganz gegenwärtig zu sein. Für andere und die ganze Schöpfung da zu sein.
Respektvoll, hingebungsvoll und freudig.

Der Korb des Mitgefühls

Ein weiterer Kreis schließt sich hier, denn wir kehren auch noch einmal zurück zum so zentralen Prinzip des Teilens und Heilens. Eine Teilnehmerin an einem unserer Seminare, eine Psychotherapeutin, erzählte uns, in ihrer Ausbildung habe sie sich vom Leid ihrer Klienten abzugrenzen gelernt. Ihr falle das allerdings schwer, sagte sie. Eigentlich konnte und wollte sie sich nicht innerlich distanzieren von den Gefühlen, Problemen und Krisen ihrer Klienten. Sie wollte vielmehr mitfühlen und sich zu diesem Zweck einfühlen. Umso mehr gefiel ihr unser Grundsatz vom Teilen und Heilen. Wir waren dankbar für ihre Geschichte, weil sie das Wesen, gleichzeitig aber auch die Grenzen des Mitgefühls zeigt.

Wir müssen gut auf uns achtgeben. Denn wir können nur so viel teilen, wie wir selber haben. Wenn sich alles in uns auflöst, ist irgendwann nichts mehr zum Teilen da.

Mitgefühl kann gefährlich werden. Wenn wir immer nur geben, geben und geben, sind wir irgendwann leer. Dann leiden wir und die Menschen um uns leiden ebenfalls.

Wenn wir anderen viel geben können, weil wir einen großen Korb voll Kraft und Mitgefühl abbekommen haben, ist das schön. Aber wir müssen immer gut darauf achten, wie viel noch in unserem Korb ist und wann er sich zu leeren droht. Wir dürfen also auch beim Mitgefühl das richtige Maß nicht überschreiten.

Es gibt ein passendes, wunderschönes Zitat des heiligen Augustinus, der als einer der großen Kirchenväter gilt. *Wer keine Liebe hat, kann keine Liebe schenken,* lautet es, und *wer keine Liebe schenkt, kann keine haben.*

Die meisten von uns würde es wohl überfordern, ständig mit dem ganzen Kosmos mitzuleiden. Es ist anstrengend genug, mit unseren Mitmenschen, unserem Partner, unseren Kindern, Freunden oder Kollegen mitzuleiden. Wenn wir auch noch mit allen Pflanzen und Tieren mitleiden würden, wären wir wohl alle bald ausgebrannt.

Deshalb sprechen wir lieber von Mitgefühl als von Mitleid. Mitgefühl schließt neben dem Mitleid auch die Mitfreude ein. Wir können uns bei all dem Leid, das uns umgibt, auch immer wieder freuen über alles Wunderbare, das da ebenfalls immer ist.

Ganz so einfach ist es trotzdem nicht. Denn viele von uns kennen zum Beispiel diese Momente, in denen sie das Leid dieser Welt tieftraurig macht und überfordert. Das ist normal und gehört zum modernen, informierten Menschsein. Wir fragen uns allerdings, wie wir uns freuen oder gar feiern können, während Kinder an Hunger sterben oder Bomben auf Häuser in der Ukraine niederregnen. Wie können wir Grenzen setzen, um uns selbst vor zu großem Mitleid zu schützen, das uns deprimiert und lähmt?

Das ist eine wichtige Frage und diese Grenze zu setzen ist eine der schwierigsten Aufgaben, die sich uns Menschen stellt, denn sie führt uns in ein Dilemma zwischen Mitleid und Ohnmacht. Schlagen wir also beim heiligen Benedikt nach, der seinem Abt eindringlich riet, in wirklich allem das richtige Maß zu wahren. Was ist das richtige Maß des Mitleids?

Das richtige Maß zu wahren, in welchem Bereich auch immer, ist die Mutter aller Tugenden. Dieses Maß lässt sich aber nicht festmachen. Wir können es weder beschreiben noch auf einen bestimmten Wert fixieren.

Das richtige Maß ist immer eine Suche nach der Mitte zwischen zwei Extremen. Es ist immer eine Bewegung. Wir werden nie alles beachten können, sondern nur das, was wir sehen.

Wir können das richtige Maß erkennen, wenn wir unsere Grenzen kennen. Es ist von seinem Wesen her zutiefst menschlich. Das richtige Maß kann deshalb niemals objektiv sein. Für den einen liegt es hier, für den anderen dort.

Beim Krafttraining zum Beispiel besteht für den einen das richtige Maß darin, ein Gewicht von zehn Kilo zu stemmen. Für jemand anderen, der vielleicht gerade schwer erkrankt war, sind es hundert Gramm.

Wieviel zu viel ist, das ist höchst unterschiedlich, auch beim Mitgefühl. Wenn uns schon das Mitgefühl mit unserer eigenen Familie an unsere Grenzen bringt, können wir nicht auch noch Verantwortung für entferntere Verwandte, Freunde und Kollegen übernehmen.

Lebewohl

Wir wollen Ihnen, liebe Leserinnen und Leser, noch ein letztes Gedicht mit auf den Weg geben. Wir haben es für Sie aus dem

Englischen übersetzt. Es stammt von dem britischen Autor und Dichter D. H. Lawrence und trägt als Titel das lateinische Wort für »Friede«, also Pax. Interessanterweise spielt auch hier, wie in der Geschichte über Oscar, die Therapiekatze, eine Katze eine bedeutende Rolle.

D. H. Lawrence beschreibt in diesem Gedicht eine Katze als Lehrmeisterin der stillen Einkehr. Wenn wir friedlich und zufrieden wie eine schnurrende Katze am Feuer sitzen und Gottes Gegenwart spüren, finden wir eine tiefe Stille des Herzens. Wir spüren unser Aufgehobensein im Kosmos, in der kosmischen Wohngemeinschaft, oder wie es der Dichter nennt: *In the house of life* (Im Haus des Lebens).

Wir können und dürfen uns von diesen wunderschönen Worten ein wenig beruhigen und trösten lassen. In ihnen finden wir neue Kraft. Hier folgt zunächst die englische Originalversion und dann die deutsche Übersetzung.

Pax

All that matters is to be at one with the living God
to be a creature in the house of the God of Life.
Like a cat asleep on a chair
at peace, in peace
and at one with the master of the house, with the mistress,
at home, at home in the house of the living,
sleeping on the hearth, and yawning before the fire.
Sleeping on the hearth of the living world

yawning at home before the fire of life
feeling the presence of the living God
like a great reassurance
a deep calm in the heart
a presence
as of the master sitting at the board
in his own and greater being,
in the house of life.

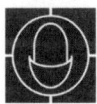

Pax

Nur darauf kommt es an: eins zu sein mit dem lebendigen Gott.
Geschöpf zu sein in seinem Haus: beim Gott des Lebens.
Wie eine Katze, die auf einem Schemel schläft,
friedlich, in Frieden
und eins mit dem Hausherrn und der Herrin
zu Hause, zu Hause im Haus der Lebendigen,
Schlafen vor dem Herd und gähnen vor dem Feuer.
Schlafen vor dem Herd der lebendigen Welt
Gähnen zu Hause vor dem Feuer des Lebens
Die Gegenwart des lebendigen Gottes fühlen,
wie eine große Beruhigung
eine tiefe Stille im Herzen.
Eine Gegenwart.
Wie die des Hausherren, der zu Tische sitzt
in seinem eigenen und größeren Wesen.
Im Haus des Lebens.

Ein einfaches Rezept gegen Erschöpfung

Zum Abschluss dieses Buches möchten wir Ihnen noch ein Hilfsmittel gegen Überforderung und Erschöpfung schenken. Das ganze Geheimnis besteht in einem Spruch, den wir auch manchmal eine »blöde Ausrede« nennen. Das ist natürlich nur ein Scherz, denn blöd sind er und die sich daraus ergebende Geisteshaltung sicher nicht. Er lautet:

Lieber Gott, in deine Hände lege ich alles. Ich lege es hinein, denn ich kann jetzt nicht mehr. Ich möchte gerne und ich tue was ich kann. Aber ich kann nicht alles schaffen.

Wir können froh sein, wenn ein Mensch in unserem Umfeld sagt: »Ich kann nicht mehr. Das muss jemand anderes machen.« Wir sollten dankbar sein, weil es bedeutet, dass er oder sie ein richtiges Maß für sich gefunden und definiert hat.

Wir können genauso froh darüber sein, wenn jemand sagt: »Das ist mir zu wenig, zu einfach, zu langweilig. Ich will mehr machen, ich will mehr wissen!« Wir können dankbar sein, weil dieser Mensch sein ungenutztes Potenzial erkannt hat.

Das richtige Maß zu finden bei dem, was wir tun, ist ein gemeinsamer Prozess. Wir müssen auf uns selbst und auf unsere Nächsten gut aufpassen, denn wir wohnen alle gemeinsam in diesem Welthaushalt. Wir dienen. Wir teilen. Wir heilen.

Gemeinsam finden wir das richtige Maß.
Gemeinsam sind wir aufgehoben.
Eingebettet.
Geborgen.
Wie im Mutterleib.

Gedanken am Ende, oder ein Anfang

Wir haben uns viele Gedanken gemacht und viele Worte formuliert. Und wie immer am Ende eines Buches fragen wir uns: »Wie hören wir auf? Wie fangen wir an?« Sind wir nicht alle oft auch davon überfordert? Was verstehen wir? Was begreifen wir? Welche Erkenntnis haben wir gewonnen?

Das letzte Kapitel seiner Regel überschreibt Benedikt mit dem Titel *De hoc, quod non omnis iustitiae observatio in hac sit regula constituta*. Für uns bedeutet dieser Satz, dass nicht alles, was wir zur vollen Erkenntnis für das Leben brauchen, in einem Buch, auch nicht in seiner Regel, enthalten sein kann. Das gilt auch für dieses Buch.

Er will nur eine »einigermaßen entsprechende Lebensweise für Mönche oder doch einen Anfang für ein spirituelles Leben« bekunden. Er verweist dann auf die Schriften des Alten und des Neuen Testaments und die Schriften anderer angesehener geistlicher Lehrer.

Und dann fügt er an: »Wenn du also zum himmlischen Vaterland eilst, wer immer du auch bist, nimm diese einfachen Regeln als Anfang und erfülle sie mit der Hilfe Christi.

Dann wirst Du schließlich unter den Schutz Gottes zu den oben erwähnten Höhen der Lehre und der Tugend gelangen.«

Dem einen oder der anderen mögen unsere Erkenntnisse zu einfach oder auch zu schwierig erscheinen. Ob wir Erkenntnisse haben, oder begreifen, ist auch nicht entscheidend. Entscheidend ist immer nur, ob wir das, was wir erkennen, auch in unserem Leben umsetzen und verwirklichen können.

Und verwirklichen können wir nur das, was wir lieben. Dazu sollte dieses kleine Buch helfen. Zwischendurch kam uns immer wieder der Gedanke, ob wir den Titel des Buches nicht verändern sollten, weil unser Anliegen nicht nur eine intellektuelle Auseinandersetzung mit wichtigen Lebensfragen ist. Für uns ist Erkenntnis und auch dieses Buch eine Liebeserklärung an das Leben.

Die großen unlösbaren Herausforderungen der Gegenwart.
Haben wir noch eine Zukunft?

Glossar

Seite 11, 89: Ysop
Wirkt entzündungshemmend und krampflösend.

Seite 13, 63: Alant
Bei Husten, chronischer Bronchitis und Asthma.

Seite 14: Apfel
Regt den Stoffwechel an und reinigt das Blut.

Seite 16, 74: Ätherisches Kräuterelixier*
Wohltuende Wirkung auf Geist und Körper.

Seite 20, 72: Engelwurz
Regt Appetit und Verdauung an.

Seite 25, 115: Ringelblume
Bei Verbrennungen und Ekzemen.

Seite 31: Storchenschnabel
Bei Magen-Darm-Problemen, Haut- und Infektionskrankheiten.

Seite 33: Drei-Königs-Tropfen*
Erwärmende und erhellende Wirkung.

Seite 35: Bärlauch
Blutdrucksenkend.

Seite 43, 57: Haferblüte
Bei Schlaflosigkeit.

Seite 45: Schafgarbe
Bei Verdauungstörungen, Krämpfen oder Appetitlosigkeit.

Seite 49: Linde
Kann Blutdruck senken, Krämpfe lösen und Husten stillen.

Seite 51: Holunderblüte
Bei Fieber, Schnupfen und Husten.

Seite 54: Brennnessel
Bei Nieren- und Harnleiden sowie Gelenkbeschwerden.

 Seite 55: Hasel
Lindert Hustenreiz, senkt Fieber und fördert Blutgerinnung.

 Seite 56: Frauenmantel
Bei Unterleibs- und Menstruationsbeschwerden.

 Seite 59, 85: Baldrian
Bei leichten Schlafstörungen.

 Seite 60, 63: Mariendistel
Fördert die Leberfunktion.

 Seite 62: Zinnkraut
Bei Bindegewebsschwäche und Atemwegserkrankungen.

 Seite 62, 121: Herzgespann
Bei Herzbeschwerden sowie bei Schilddrüsenüberfunktionen.

 Seite 66: Farn
Bei Gelenks- und Nervenschmerzen sowie Wadenkrämpfen.

 Seite 66: Birne
Wirkt entwässernd und kann Nieren- und Blasenprobleme lindern.

 Seite 68: Birke
Verbessert die Nieren- und Harnfunktion.

 Seite 69: Rosmarin
Bei Muskelverspannungen, Rheuma und Gelenkschmerzen.

 Seite 70, 152: Lindenblüte
Bei Fieber, Erkältungen und Nervosität.

 Seite 70: Tannenwipfelsirup*
Schleimlösend, durchblutungsfördernd, antibakteriell.

Seite 72: Tanne
Bei Erkältungen gegen Husten und Schnupfen.

Seite 73, 153: Kastanie
Fördert die Durchblutung und festigt Gewebe.

Seite 75: Gänseblümchen
Regt Stoffwechsel und Appetit an.

Seite 75: Olivenblatt
Beruhigend, schlaffördernd, stärkt das Immunsystem.

Seite 82: Walnuss
Wirkt positiv auf Blutdruck, Cholesterinspiegel und Blutzucker.

Seite 83: Thymian
Bei Atemwegserkrankungen wie Grippe oder Erkältung.

Seite 88: Kardenwurzel
Bei Haut-, Magen-Darm- sowie rheumatischen Erkrankungen.

Seite 91, 128: Triliumun*
Stärkt Leib, Seele und Geist.

Seite 94: Lärchenpechbalsam*
Hautpflegend und schmerzlindernd.

Seite 96: Beinwell
Als Salbe schmerzlindernd und die Wundheilung unterstützend.

Seite 98, 151: Eiche
Bei Magen-Darm-Beschwerden sowie Ekzemen und Entzündungen.

Seite 100, 119: Gute-Nacht-Tropfen*
Sorgen für erholsamen Schlaf.

Seite 103, 147: Lavendelblütenöl*
Bei innerer Unruhe, Einschlafproblemen und Angststörungen.

Seite 111, 143: Sonnenhut
Bekämpft Viren, Pilze und Bakterien, regt Immunzellen an.

 Seite 126: Kapuzinerkresse
Bei Erkältungs- und Harnwegsinfektionen, Muskelverspannungen.

 Seite 129: Vogelbeere
Bei Nierenerkrankungen, Diabetes und Rheuma.

 Seite 132: Johanneskraut
Wirkt beruhigend auf die Psyche.

 Seite 141: Feige
Bei Konzentrationsschwäche und Müdigkeit.

 Seite 142: Arnika
Bei Prellungen, Blutergüssen oder Verstauchungen.

 Seite 145: Fichte
Hustenstillend, schleimlösend, krampfmildernd.

 Seite 149: Mädesüß
Schmerzlindernd und fiebersenkend.

 Seite 150: Olivenblattbalsam*
Beruhigend, schlaffördernd, stärkt das Immunsystem.

*Diesen Artikel erhalten Sie im Shop des Europaklosters Gut Aich unter:
shop.europakloster.com